O MONGE E O PASTOR

Marcelo Barros e Henrique Vieira

O monge e o pastor
Diálogos para um mundo melhor

Copyright © 2020 by Marcelo Barros e Henrique Vieira

Grafia atualizada segundo o Acordo Ortográfico da Língua Portuguesa de 1990, que entrou em vigor no Brasil em 2009.

Capa
Ale Kalko

Ilustração de capa
Helenagl/Adobe Stock

Revisão
Adriana Bairrada e Marise Leal

Dados Internacionais de Catalogação na Publicação (CIP)
(Câmara Brasileira do Livro, SP, Brasil)

Barros, Marcelo
 O monge e o pastor : diálogos para um mundo melhor /
Marcelo Barros e Henrique Vieira. — 1ª ed. — Rio de Janei-
ro : Objetiva, 2020.

 ISBN 978-85-470-0112-4

 1. Barros, Marcelo 2. Beneditinos 3. Correspondências
4. Diálogos 5. Espiritualidade 6. Pastores 7. Religião 8. Solidariedade 9. Vieira, Henrique I. Vieira, Henrique II. Título.

20-40034   CDD-200

Índice para catálogo sistemático:
1. Diálogos : Monge e o pastor : Religião   200

Cibele Maria Dias — Bibliotecária — CRB-8/9427

[2020]
Todos os direitos desta edição reservados à
EDITORA SCHWARCZ S.A.
Praça Floriano, 19, sala 3001 — Cinelândia
20031-050 — Rio de Janeiro — RJ
Telefone: (21) 3993-7510
www.companhiadasletras.com.br
www.blogdacompanhia.com.br
facebook.com/editoraobjetiva
instagram.com/editora_objetiva
twitter.com/edobjetiva

Sumário

Um encontro fraterno 7

CORRESPONDÊNCIA
04 a 21 de maio de 2020 11

Uma bênção para o caminho a seguir 167

Notas 173

Um encontro fraterno

Todo livro é um encontro entre quem o escreve e quem o lê. Este livro é a troca de cartas entre dois cristãos: um monge católico, Marcelo Barros, e um pastor evangélico, Henrique Vieira.

Estas cartas de amizade foram escritas e intercambiadas por e-mail durante a quarentena a que todos tivemos de nos submeter por causa da pandemia da covid-19. São cartas entre dois irmãos de fé, companheiros na caminhada das comunidades e movimentos sociais. Além de tudo, apesar da diferença de idade — Marcelo tem 75 anos e Henrique, 33 —, somos amigos que nos estimamos e encontramos no diálogo uma forma de, continuamente, aprender um com o outro.

Esta correspondência nasceu da ideia de nos propormos temas, um a cada mensagem, quase como numa espécie de questionário. Isso foi incorporado na edição para publicação em livro, mas preservamos o teor das mensagens, o tom informal e o caráter aberto, sem a pretensão de esgotar nenhum assunto nem de tratá-lo de forma sistemática ou acadêmica. A intenção é que o diálogo continue e possa se aprofundar sempre. Quem sabe você que está lendo também se sinta impelido ou impelida a prosseguir com esse diálogo em sua casa. Seja como for, lhe damos as boas-vindas nesta roda de conversa aquecida na irmandade que nos une.

Os assuntos giram em torno de três noções que se entrecruzam: ver, julgar (discernir) e agir. Partimos de nossas experiências antes e durante a pandemia, expressamos nossas percepções sobre a sociedade e o governo brasileiros nesta conjuntura tão difícil e, por fim, compartilhamos nossa vivência da espiritualidade, as nossas perspectivas para o futuro e as esperanças que nos impulsionam.

Assim sendo, convidamos você, que começa a ler estas páginas, a se envolver conosco nesta incessante busca e abertura ao outro. Logo você perceberá que o pano de fundo dessa nossa conversa é como podemos viver nestes tempos tão insanos sem desanimar e como podemos sair dessa situação como pessoas melhores e mais humanas.

Saber que tanto a paz como a violência são elementos culturais, que a humanidade tanto cria como destrói, significa que está nas nossas mãos superar essa cultura da competição e do individualismo, e nos educarmos para formas de convivência mais amorosas e justas. Descobrir que o fato de sermos diferentes não nos opõe pode revelar, para cada um de nós, um bom princípio de autoaceitação e conquista de liberdade interior. Afinal, já no século III Cipriano, pastor da Igreja cristã em Cartago, dizia que a unidade abole a separação mas respeita as diferenças.

O diálogo é elemento intrínseco e essencial a todo caminho humano. Ele nos faz repensar nossa ideia de Deus e de espiritualidade, e nos fortalece na reinvenção de outro mundo possível. Por tudo isso, podemos verdadeiramente sustentar que ser solidário é o modo natural de se viver no mundo. Segundo o pastor anglicano John Donne, em imagem famosa que inspirou também o monge Thomas Merton: "Homem algum é uma ilha".[1]

A solidariedade é a base mais viável para construirmos sociedades firmadas sobre a defesa inabalável e permanente dos direitos humanos. Somos felizes por viver em um mundo no qual este caminho nos é oferecido. Somos todos e todas chamados a nos deixar conduzir pelo Espírito. Testemunhamos, assim, o que Leonardo Boff afirmou: "O mundo está grávido do Espírito, mesmo quando o espírito da iniquidade persevera na sua obra, hostil à vida e a tudo o que é sagrado e divino. Mas o Espírito é invencível".[2]

Isso nos abre a todas as culturas e tradições espirituais da humanidade. Reconhecemos nelas todas a presença e a atuação amorosa do Espírito Divino que, tal como o vento, "sopra onde quer, ouve-se a sua voz, mas não se sabe para onde vai nem de onde vem" (João 3,8).

Devemos, no entanto, reconhecer: a nós, cristãos, o Espírito Consolador sussurra um nome que nos leva ao caminho mais profundo do bem-viver: Jesus de Nazaré. Que riqueza! Nenhum mortal pode amordaçar a ventania. O mistério é a nossa paz, e os caminhos religiosos, se conseguem sê-lo, são apenas nossas parábolas de amor.

No século IV, escreveu Agostinho: "Apontem-me alguém que ame e ele sente o que estou dizendo. Deem-me alguém que deseje, que caminhe neste deserto, alguém que tenha sede e suspire pela fonte da vida. Mostre-me essa pessoa e ela saberá o que quero dizer".[3]

Abrimos com confiança para vocês a arca da aliança. Podem entrar no cotidiano das nossas vidas e ler o que, de modo bem pessoal, trocamos nestes dias.

Boa leitura e fiquemos juntos. Ninguém solta a mão de ninguém.

Marcelo Barros e Henrique Vieira

HENRIQUE VIEIRA
SEGUNDA-FEIRA, 04/05/2020
PARA: MARCELO BARROS

Marcelo, meu irmão,

Escrevo para saber como você está. Sabe, outro dia me peguei pensando sobre como eu vivia antes que a pandemia chegasse ao Brasil e começasse o isolamento social. Você já parou para pensar nisso?

Sempre fui muito acelerado, desde a adolescência. Lembro-me dos meus pais dizendo: "Calma, Henrique, não é possível abraçar o mundo". Nessa época, eu organizava o Ministério de Adolescentes da Igreja Batista na qual cresci, compartilhava o Evangelho em cultos nos lares, vigílias de oração, acampamentos de juventude e muitos outros espaços. Desde cedo, encontrei na Bíblia narrativas que me inspiravam a ver o mundo através da perspectiva do amor. Essa paixão crescia dentro de mim. Então dedicava-me aos aconselhamentos, ao coral, à escola bíblica dominical, participava de ciclos de debates sobre temas ligados à espiritualidade e à sociedade. Era carinhosamente chamado de "pastorzinho".

Sempre vi no Evangelho de Jesus um apelo à justiça social, à superação da desigualdade e de todas as formas de opressão e maltrato. As páginas do Evangelho não me encantavam apenas, elas me engajavam. Coloquei--me em movimento e acho que nunca mais parei.

Eu me envolvi na pauta dos direitos humanos, no movimento estudantil universitário (tanto na Universidade Federal Fluminense, onde cursei ciências sociais, como no Seminário Teológico Batista, onde me preparei para ser pastor). Também me engajei na luta antimanicomial e na defesa da reforma psiquiátrica, após ter estudado — num projeto da escola — sobre a violência histórica dos manicômios. Entendi como o conceito de loucura pode ser uma operação política para definir "corpos matáveis", cuja vida valeria menos.

Em 2006, aos 26 anos, tornei-me vereador na minha cidade de origem, Niterói. Foi uma verdadeira loucura. Foram quatro anos intensos e repletos de lutas populares. Em 2016, fui um dos mais votados da cidade, mas não me reelegi por conta da diminuição de votos no meu partido (PSOL), num contexto de crescimento da narrativa conservadora e antiesquerda.

Bem, hora de parar um pouco? Que nada! Mudei--me para o Rio de Janeiro e comecei a me dedicar mais ainda a uma militância pastoral e... artística. É isso mesmo, me descobri como ator. Participei de filme, de peças, escrevi um livro, sempre combinando essas atividades com a agenda pastoral, militante e de professor. Nesse período, conheci Carol. Encontrei-a no lugar sagrado do teatro (além de dentista, ela é atriz), e a arte é um elo profundo de nossa paixão, da construção dos caminhos do nosso amor. Me apaixonei, casei e me tornei pai. Maria, minha filha, hoje tem dois anos e é o fruto mais visível desse encontro de arte e amor.

Minha agenda é corrida por força de vocação, de escolhas e de necessidades de sustento. Venho de uma família mais popular, mas hoje me insiro num contexto de classe média, tenho a possibilidade de me manter com algum grau de segurança e tranquilidade. Sei, contudo, que a maioria dos brasileiros tem também uma agenda corrida (e muito mais que a minha), na luta constante pelo pão de cada dia, mas ainda não alcançou um patamar digno de sobrevivência financeira.

Esse é um super-resumo para que você tenha uma noção da minha caminhada. O que quero enfatizar, no entanto, é que tudo se deu atravessado por muita correria, pressa, vaivém para tudo quanto é lado. Não posso dizer que nunca parei ou não me diverti. Só não foi o suficiente, eu sei e sinto.

Lembro-me de que Jesus reservava momentos para ficar sozinho, afastar-se das multidões, dedicar-se à oração. Eu cultivo a oração como prática diária, mas me mantenho muito conectado a estímulos externos. Quando me dei conta do que estava acontecendo na China, na Europa, e de que o novo coronavírus se aproximava do Brasil, senti medo. Eu estava articulando uma organização nacional de cristãos e cristãs em defesa da democracia, tinha palestras e viagens marcadas até o fim do ano, e como uma avalanche meus compromissos foram sendo desmarcados, as viagens canceladas, até o dia do direcionamento formal do "fique em casa".

Na quarentena, tenho tentado descobrir a virtude que só os santos e as crianças possuem: viver o tempo presente. Para isso, só desacelerando a alma, aprendendo a namorar o silêncio, exercendo o olhar atento para dentro, valorizando as perguntas mais profundas e não se precipitando em respostas superficiais.

Quem mais me desafia nesse sentido é a minha filha. Brincar é uma arte do agora, sempre agora. Maria vive cada minuto como se não houvesse nada antes ou depois. Ela mergulha no que está fazendo e assim o faz com intensidade. Ela chora quando tem que chorar, mas não demora a voltar a sorrir. E como é bela a gargalhada dela, tão livre! Será que é por conta dessa espontaneidade brincante que Deus se fez criança em Jesus? Acho que é uma das razões.

Também tenho procurado valorizar o silêncio e o distanciamento. O silêncio pode melhorar as palavras, e a saudade amadurece os encontros. O teólogo católico Henri Nowen diz que, assim como as palavras perdem a força quando não nascem do silêncio, a abertura perde seu significado quando não existe a capacidade de se fechar. "O mundo está repleto de papos vazios, confissões fáceis, palavras ocas, comprimentos sem sentido, louvores desbotados e confidências tediosas",[1] escreveu. Acho que uma boa forma de viver a verdadeira comunhão é tendo um encontro consigo por meio de uma saudável solidão. Khalil Gibran afirma que "quando vos separais de vosso amigo, não vos aflijais; pois o que amais nele pode evidenciar-se na sua ausência, como a montanha, para o alpinista, é mais evidente da planície".[2]

Estou tentando desacelerar: às vezes consigo, às vezes não. Tenho buscado esse mergulho na solidão e no reino infantil do imediato da minha filha. Mas isso requer tempo e disciplina, não é mágica. Aos poucos vou respirando, olhando para fora, construindo a esperança de um mundo justo, solidário e fraterno. Contudo, minha maior potência precisa da minha melhor verdade, e minha melhor verdade precisa da desaceleração para que meu corpo encontre minha alma e minha alma, o meu coração.

Fraterno abraço,
Henrique

MARCELO BARROS
TERÇA-FEIRA, 05/05/2020
PARA: HENRIQUE VIEIRA

Henrique, querido irmão e amigo,

Obrigado por sua partilha tão amiga e aberta. Fico feliz de, assim, poder conhecer melhor a você e aos seus.

A sensação que tenho é a de que estamos na quarentena há séculos. Claro que a quarentena social e política dos movimentos sociais e dos grupos que buscam a transformação do mundo é muito mais longa do que esta que o coronavírus nos impõe. Também a quarentena que pessoas como eu e você vivemos no mundo das instituições eclesiásticas não se conta em dias ou meses. Mas, falando propriamente desta quarentena, estou, com minha irmã Penha, isolado em um apartamento nas Graças, bairro central do Recife. Minha última saída foi para assessorar um encontro de espiritualidade libertadora, com um grupo em Campina Grande, na Paraíba, no segundo final de semana de março.

Em apenas dois meses, tudo mudou. O mundo parou. Na Bíblia, o relato épico do livro de Josué conta que este mandou o sol parar. E, em Gabaon, o sol se deteve para que o dia se prolongasse e assim os hebreus pudessem vencer os reis amorreus, coligados para tomar a terra ocupada pelos hebreus (Josué 10,12-13). Agora, é a humanidade mais consciente e cuidadosa com a vida que faz o tempo parar, a fim de vencermos um vírus destruidor.

Eu e você somos irmãos de gerações diferentes. Estou com 75 anos e, desde os dezoito, sou monge beneditino. Para muita gente, é como se eu dissesse que sou de alguma espécie biológica em extinção. No entanto, essa é uma vocação que se encontra em religiões orientais como o budismo. Quem no Brasil não conhece a querida monja Cohen ou, em Brasília, o monge Sato? Há monges na Igreja católico-romana, nas Igrejas ortodoxas, na Igreja anglicana e na Igreja luterana.

Desde tempos antigos, mestres espirituais de diversas tradições ensinam que, para a pessoa se aprofundar no caminho espiritual, precisa unificar-se a si mesma. Justamente, os termos "monge" e "monja" vêm do grego *monos*, ou seja, *um* ou *uno*. Muitos, como eu, buscam alcançar a unidade interior por meio da construção da unidade com os outros, certos de que esse processo é graça divina e se realiza no seguimento de Jesus.

Desde jovem, tenho me dedicado ao trabalho pela unidade dos cristãos e à luta pacífica pela paz, a justiça e a libertação dos oprimidos e oprimidas. Embora tenha nascido e vivido sempre em ambiente urbano, desde 1977 acompanho e assessoro movimentos do campo, especialmente o Movimento dos Trabalhadores Rurais Sem Terra (MST), desde o seu surgimento, em 1984.

A primeira vez que ouvi falar do coronavírus foi por telefone. Era a última semana de janeiro. Junto com tantos outros, eu participava do Fórum Social das Resistências, em Porto Alegre. Posta de pé por mais de 120 redes, movimentos e organizações sociais, a segunda edição desse fórum tinha como objetivo mobilizar e articular as resistências sociais. Reuniu mais de 3500 pessoas de 23 estados e até de países vizinhos. Uma amiga que mora em Goiânia me telefonou, preocupadíssima com um vírus que, naquele momento, já tinha provocado muitas mortes na China. Eu já tinha ouvido falar de epidemias causadas por outros vírus, como Sars, Mers e ebola, mas nada sobre esse corona. Para mim, então, seria mais um vírus, propagado com maior velocidade pela crueldade de um mundo marcado pela desigualdade social e pela destruição da natureza, poluição das águas e do ar.

Desde aquele instante, me coloquei no lugar de quem tem parentes em situação de risco do outro lado do mundo. No entanto, por mais que me sentisse em comunhão com eles, estava do lado de cá. Depois, o vírus assolou a Europa, especialmente a Itália, onde tenho muitos amigos e amigas. Eu, inclusive, planejava viajar à Itália no dia 1º de maio. E assim a ameaça se tornou muito mais próxima. Sem aviso prévio, notícias de gente contaminada e pessoas mortas começaram a aparecer em várias das nossas cidades. Gente de idade, mas também jovens. De um dia para o outro, a ordem passou a ser "fique em casa". Pelo direito de viver e, principalmente, pelo dever de proteger a vida dos outros.

Há décadas, me considero um peregrino. Permanentemente percorro o Brasil, alguns países da América Latina e, uma ou duas vezes ao ano, outros continentes. Assim como ocorreu com você, no começo de março todos os meus compromissos de encontros, cursos e palestras foram cancelados ou indefinidamente adiados. Minha primeira sensação foi a de ter sido roubado. Sentia-me impotente, como se de repente tivesse sido preso e não houvesse o que fazer. Só pouco a pouco me senti parte do grupo que diz: "Vamos tirar disso uma lição e tentar sair dessa mais unidos e mais renovados". Para falar a verdade, dizer isso para mim mesmo foi mais difícil do que dizer aos outros. No fundo, sou contra o modo como o mundo tem se organizado, mas me sinto como alguém que fuma e sabe que deve deixar de fumar. Quero isso, mas será que consigo?

Vem-me à mente uma canção que, há décadas, mexe comigo. Quem não conhece "Aquarela", de Vinicius e Toquinho?

Numa folha qualquer
Eu desenho um sol amarelo

Aí mesmo, em um apartamento fechado, a criança que está em nós pode imaginar "uma linda gaivota a voar no céu, Havaí, Pequim ou Istambul". Na imaginação, podemos pintar um barco à vela navegando, "é tanto céu e mar"... "De uma América a outra consigo passar num segundo...", "e num círculo eu faço o mundo...", e ali logo em frente, o futuro está... E sempre lamentei que a canção termina com uma nota de pessimismo. Ou será realismo?

Nessa estrada não nos cabe
Conhecer ou ver o que virá
O fim dela ninguém sabe
Bem ao certo onde vai dar
Vamos todos
Numa linda passarela
De uma aquarela que um dia enfim
Descolorirá

E a canção repete: "descolorirá, descolorirá"...

Penso que nossa tarefa agora é fazer com que a criança que brinca dentro de nós possa fazer sua aquarela. Até várias. E que essas aquarelas sejam na linha do que os índios chamam de bem-viver e bem-viver coletivo. Assim, poderemos ligar nossos sonhos com as lutas da humanidade por um novo mundo possível. E a aquarela que sonhamos acordados nunca descolorirá...

Você tem se tornado meu irmão e companheiro na teimosia de sonhar.

Deus o abençoe.
Abraço do irmão Marcelo

MARCELO BARROS
QUARTA-FEIRA, 06/05/2020
PARA: HENRIQUE VIEIRA

Henrique, querido irmão,

Como lhe disse, moro com Penha, minha irmã. Somos duas pessoas já de idade e habituados a horários mais ou menos regulares. Como vivi muitos anos em mosteiros, tenho um relógio dentro de mim. Sempre recitei o salmo: "Inútil vos será levantar de madrugada, repousar tarde, comer o pão de dores, pois assim dá Ele [Deus] aos seus amados o sono" (Salmos, 127,2). Apesar disso, os monges nunca acharam inútil acordar de madrugada. Em quarentena ou não, costumo acordar sempre ao nascer do sol, que, no Recife e em todo litoral do Nordeste, é muito cedo, às cinco horas.

Antes, minha vida era meio nômade e, portanto, apesar do horário de casa ser regular, compromissos externos e viagens ditavam ritmo próprio. Agora, diariamente, depois da higiene da manhã e de comer alguma coisa, costumo fazer uma breve oração com minha irmã. Louvamos a Deus pelo dia que nasce e oferecemos a vida, os sofrimentos das pessoas, os encontros e atividades que vou ter (por internet) e as esperanças para o novo dia que começa.

Quase sempre, quando o sol da manhã invade nossa pequena varanda, fico em meio às plantas de que minha irmã cuida. Ela chega e começa a regá-las. Todos os dias, comenta coisas como: "Veja esta orquídea com esta flor avioletada que começa a se abrir". "E esse pezinho de arruda que você ganhou daquela amiga em Salvador está contente de estar aqui com a gente. Está lhe dando bom-dia." Eu fico ali de vinte a trinta minutos e depois corro para o computador. São dois artigos por semana, um em português e outro em espanhol, para um jornal de Caracas e outro de San Juan de Puerto Rico, além do site da Amerindia, em Montevidéu. Todo domingo escrevo também sobre um trecho do Evangelho e devo ainda preparar o roteiro de um programa para o canal Paz e Bem, da pós-TV 247. E por aí vai.

Cada noite, se não tenho nenhum programa de entrevista ou live, consigo ver um filme. Também gosto de reservar algum momento para me comunicar com amigos e amigas de quem sou mais próximo (sempre por internet, é claro). Além disso, faço questão de acompanhar com oração e diálogo as pessoas que, por algum motivo, precisam de apoio espiritual. E nunca durmo sem mais ou menos uma hora de leitura. Leio sempre um livro de formação mais social — estou lendo o primeiro volume de *Escravidão*, do Laurentino Gomes e, meu Deus, que horror a história da humanidade e das igrejas! Gosto também de ler algo mais leve, em especial romances policiais. No plano espiritual, tenho me dedicado à leitura sobre tradições xamânicas. Elas me interessam muito. Não para eu viver essa espiritualidade, mas porque, como um cristão bem fundamentado na fé de Jesus, me pergunto sempre o que Deus quer me dizer e revelar através da fé do outro. Depois de ler ao menos algumas páginas de dois desses livros, caio no sono.

A respeito de tudo isso, devo confessar algo estranho. Estamos, eu e você, em casa, sem poder sair por causa dos riscos de contágio. No começo do isolamento social, pensei que teria muito mais tempo livre. Como gosto de cinema, garanti acesso a algumas das plataformas virtuais de filmes de arte para revisitar clássicos que me deliciaram a juventude e também obras importantes dos dias atuais que ainda não tinha podido ver. (Gosto tanto de cinema que não desconsidero nem alguns dos filmes descartáveis que inundam o YouTube.)

Há poucos dias, inclusive, eu e alguns amigos mais jovens montamos pela internet um cineclube com o plano de ver um filme por semana e depois comentarmos por WhatsApp. Logo fizemos uma lista que inclui

Dersu Uzala, do mestre Akira Kurosawa; *Queimada!*, do italiano Gillo Pontecorvo; *A festa de Babette*, de Gabriel Axel; e outros. Imagine meu espanto ao ver comentários lindos do pessoal novo que nunca tinha tido acesso a essas obras-primas, todas de quando eles nem eram nascidos. Mas o fato é que eu quase não consigo cumprir o compromisso de ver um por semana. Há dias em que saio do artigo semanal (que devo mandar sempre com alguns dias de antecedência) e já alguém me chama no Skype para organizar algum encontro ou entrevista. Sou "pré-técnico", mas por obra e graça de vários anjos da guarda (Anderson, Darlan, Rejane, Jon e outros), quase todos jovens que têm idade para serem meus filhos ou até netos, tenho Facebook, Telegram e, mais recentemente, Instagram. No entanto, pago por isso um preço caro. Quase todo dia recebo mensagens do tipo "Você poderia participar de uma live hoje às oito?". E pensar que há pouco mais de um mês eu nem sabia o que era uma live...

Esta também deve estar sendo sua experiência, não?

O que há de estranho nisso é a sensação de que a mudança iniciada nos anos 1990 pela internet agora se completou. Claro que todo mundo já falava de revolução 4.0 e, mesmo em torno de nós, a informática e os robôs já começavam a substituir as pessoas em vários tipos de trabalho. Mas agora, com a quarentena, tudo se tornou virtual. Amigos dão e recebem aulas pela internet, fazem reuniões de trabalho, e padres e pastores realizam cultos virtuais.

De um lado, só podemos agradecer por tais possibilidades que se abrem. Imagine se tivéssemos de viver esta situação de isolamento social há apenas trinta anos, quando pouca gente tinha telefone celular e a internet nem estava começando?

Para a pós-quarentena, precisaremos repensar seriamente o modelo de sociedade que queremos. E isso implicará priorizar a vida no planeta, mudar radicalmente para fontes de energias sustentáveis, rever a relação entre cidade e campo e tantas outras questões. Cursos virtuais já existem aos milhares, mas como pensar a educação sem o diálogo pessoal e o vínculo comunitário? E nossas igrejas aceitarão viver em tempos de diáspora da fé, de dispersão? Se sim, terão a missão de se constituir não como cristandade (civilização cristã e poder paralelo ao poder político e militar), e sim como pequenos cenáculos de resistência a esse modelo de mundo que a pandemia revela estar corroído por dentro. Eu e você estamos nessa.

O querido mestre dom Hélder Câmara, que conheci de perto e com quem trabalhei como secretário para ecumenismo e relações com as outras religiões, sempre me deu a impressão de saber conjugar bem uma vida de muitos compromissos sociais com a disciplina de certa solidão interior. Todos os dias ele acordava de madrugada — não porque não tivesse sono — porque queria, em oração diante de Deus, rever o dia que passara e se preparar espiritualmente para o que começava. Sobre isso, ele escreveu:

O que seria de mim sem a Vigília? [...] A experiência ensina que, apesar das melhores resoluções e dos mais decisivos apelos de unidade, podemos acabar o dia esquartejados, de vez que nossos pedaços foram ficando aqui e ali, enquanto as horas passavam. Sem perder a serenidade e a paz [...] tentemos salvar a unidade antes de dormir. Se ela não se recompõe, tenhamos a confiança de dormir tranquilos e aproveitemos a vigília na madrugada e a celebração (Missa) para o reencontro.[3]

Com essas perguntas e a partilha do meu dia a dia nesta quarentena, me despeço de você, ansioso por ler o que você vai me contar que anda fazendo.

Até a próxima.
Abraço do seu irmão Marcelo

HENRIQUE VIEIRA
QUARTA-FEIRA, 06/05/2020
PARA: MARCELO BARROS

Marcelo, meu irmão,

Em primeiro lugar, fiquei impressionado com a informação de que você conheceu e caminhou ao lado de dom Hélder Câmara. Por favor, me fale mais dele!

Minha comunidade de fé, a Igreja Batista do Caminho, tem apenas onze anos de existência. Antes de seu início, o grupo de implantação (formado majoritariamente por jovens e eu, como seminarista, me formando em teologia e me tornando pastor) fez vários encontros para estudos, reflexões e orações. O objetivo era amadurecer que tipo de igreja queríamos ser e entender o que significa, de fato, ser uma igreja de Jesus no mundo.

Aquele grupo partilhava de uma crise com a institucionalidade religiosa e seu distanciamento dos dramas do povo. Nossa igreja de origem havia me dado, na condição de seminarista e futuro pastor, a responsabilidade de organizar uma congregação que viria a se tornar autônoma. Assim é, geralmente, o processo de formação de novas igrejas dentro da tradição batista: uma igreja mãe organiza uma congregação que, depois de um tempo e de sua própria estruturação, se torna uma nova igreja.

Foi um processo curioso, marcado por tensões em função das perspectivas teológicas que nosso grupo estava desenvolvendo. Eu era o seminarista responsável pela formação daquela nova comunidade de fé e, junto com meus amigos e minhas amigas, buscava referências teológicas e pastorais para nossa caminhada. No fundo, reconheço, estávamos buscando salvar a nossa própria fé. Nossa igreja de origem tinha um contorno mais conservador e nossa espiritualidade se movia muito por questionamentos. Em nossos corações havia mais perguntas do que respostas, incertezas do que certezas. Infelizmente, o ambiente de onde vínhamos não era favorável às reinvenções da fé. A perspectiva conservadora só aceita repetição, jamais mudanças, e isso subtrai o potencial criativo e sempre aberto da espiritualidade. Estávamos atravessados pelas injustiças do mundo, queríamos envolvimento com a causa social e tínhamos desejo de diálogos inter-religiosos.

Foi assim que estudamos a vida de dom Hélder Câmara. Assistimos ao documentário *O santo rebelde*, que fala da história dele. Dom Hélder simboliza para mim (e para nós) o Evangelho simples e libertador de

29

Jesus, comprometido radicalmente com os pobres. Recentemente eu estive em Recife e pude visitar o local onde dom Hélder (como bispo) viveu grande parte da vida e veio a falecer. Na verdade, morreu para ressuscitar e cumprir o destino de definitivamente brilhar como o sol e ver, face a face, o Jesus a quem ele tanto amou e por quem dedicou a vida.

Olhei para cada canto daquela casa tentando imaginar dom Hélder ali, em seu cotidiano, escrevendo cartas, fazendo suas refeições, desfrutando de seus momentos de oração. Como queria dar um abraço nele! Quando eu chegar ao céu — vilarejo da utopia, eucaristia universal, reino da brincadeira sem fim... —, ele será uma das primeiras pessoas a quem vou procurar! Pensar em dom Hélder acalma meu coração.

Vivemos num tempo de hegemonia de um cristianismo bélico, intolerante, fundamentalista, antidemocrático e sem sensibilidade social. (Em algum momento a hegemonia não foi essa?) Um tipo de cristianismo sem Cristo e que provavelmente mataria Jesus em nome de Jesus. Sei que existem muitas experiências cristãs que escapam a essa lógica, e que não se pode generalizar. Nossa tarefa, inclusive, é dar força e visibilidade para essas experiências cristãs populares e progressistas. Porque são muitas as vivências do Evangelho baseadas no compromisso radical com a dignidade humana. Contudo, é preciso reconhecer esse referencial hegemônico nebuloso e triste, sem graça e sem compaixão — sem Cristo, enfim. Por isso dom Hélder é referência, para mim e para minha igreja, de um cristianismo com jeito de Cristo. Que alegria você tê-lo conhecido, meu irmão! Dá para perceber na sua vida os mesmos traços e sinais, e fico grato a Deus por isso.

Como disse na carta anterior, estou buscando desacelerar durante a quarentena, mas no primeiro mês não consegui. Eu acordo por volta de sete horas da manhã. Carol e Maria dormem até umas nove. Eu arrumo e varro a casa, lavo alguma louça que tenha sobrado do dia anterior e faço café. Tomo um banho, tenho meu momento de oração, faço alguma leitura e ainda vejo um pouco de jornal, na maioria das vezes.

Estou lendo três livros, intercalando-os. Dois são as biografias de Martin Luther King e Malcolm X. Vidas fascinantes. Me sinto muito atraído por essas histórias. Homens negros que a partir da fé lutaram firmemente contra o racismo, Malcolm na tradição islâmica e King na tradição cristã. Ambos com grande força oratória, poder e energia. Fizeram das palavras verdadeiras ferramentas de transformação da sociedade e de mobilização de mentes e corações. E mais: fizeram de suas atitudes expressões coerentes de suas palavras. Foram homens cujas palavras se encarnavam na vida. Também foram vidas marcadas pela coragem e pela profecia. Entendo que o profeta é aquele que tem a capacidade de sentir as dores e as esperanças do coração de Deus e traduzir esse drama para o mundo. Trata-se da capacidade de denunciar as injustiças e anunciar um futuro radicalmente diferente. É um exercício permanente de denúncia e de anúncio.

Eu sou um pastor negro, portanto os elementos da fé e da identidade racial me atravessam todo o tempo. A partir da minha fé em Jesus, busco afirmar a luta contra o racismo estrutural, uma ferida aberta e que ainda sangra muito em nossa sociedade. Procuro me desvencilhar das lentes eurocêntricas de leitura da Bíblia, resgatando suas histórias negras e a própria negritude de Jesus. Enfim, Martin e Malcolm mexem comigo de um jeito espiritual, epidérmico e político.

Também estou lendo *Crescer: Os três movimentos da vida espiritual*, do teólogo católico Henry Nowen. Esse livro me convida a olhar para dentro (lugar do qual muitas vezes fujo), para acolher minha solidão e mergulhar no oceano que me habita. Ele fala sobre como precisamos acolher nossa solidão essencial para desfrutarmos de uma comunhão mais madura.

Na parte da manhã geralmente fico mais tempo com Maria. Subimos para o terraço e pegamos um pouquinho de sol, conversamos com as plantas, jogamos bola e corremos de um lado para o outro. Também brincamos de pique esconde, pique-pega e de papagaio. Sim, papagaio. Não faço a menor ideia de onde Maria tirou isso, mas ela do nada diz "Sou um papagaio" e sai correndo pela casa. Daí eu corro atrás dela dizendo "Volta aqui, papagaio!", e assim vai uma meia hora de correria. Bendita imaginação infantil!

Na parte da tarde procuro me dedicar ao processo de escrita de meu novo livro. Estou escrevendo sobre Jesus: livre e do povo. O livro ainda não tem título definido, mas a temática é essa. Discorro sobre o caráter espontâneo e criativo de Jesus, que se desvencilhou de regras prefixadas para viver sob a soberania ética do amor. Jesus é insuportável para qualquer fundamentalismo, por sua liberdade criativa e disponibilidade para Deus. Como diz Leonardo Boff, de tão humano só podia ser divino! Também nesse livro enfatizo o corpo oprimido de Jesus. Jesus é o Deus dos oprimidos como sinal de justiça e equidade. Jesus nos ensinou a amar o próximo, sempre e sem condições. Contudo, fica evidente sua prioridade: o chão dos pobres da Terra. Jesus prova a universalidade de seu amor a partir do seu compromisso com os oprimidos.

Na parte da tarde dedico tempo para ações políticas vinculadas a uma assessoria parlamentar na qual trabalho. São várias demandas que cumpro de casa mesmo, por internet e telefone. Assim faço todos os dias, por várias horas.

À noite volto a ficar com Maria. Dou banho, dou comida e assistimos a alguns desenhos. Brincamos juntos, ela, Carol e eu, até que por volta de umas nove horas Maria começa a dar sinais de que vai dormir. Mas aqui é um capítulo à parte. Mesmo caindo de sono, ela diz: "Não quero mimir, quero brincar". Então lemos livros com ela, e não raramente ela pede para repetir o mesmo livro umas duzentas mil vezes. Também é comum que eu a pegue no colo e comece a cantar e a dançar. Ela vai me acompanhando nas canções e pegando no sono. Muitas vezes acho que ela está dormindo quando, do nada, ela começa a falar novamente como se estivéssemos no meio de uma conversa. Já aconteceu de sair desse estado de quase sono, virar para mim e dizer "Papagaio!". Pois é, é uma aventura a cada noite... Mas em algum momento ela dorme, descansa e se prepara para mais um dia.

Também me dedico a preparar os sermões que prego nos cultos dominicais da minha igreja, que acontecem online às dezessete horas. São algumas horas por semana estudando a Bíblia para preparar as reflexões para minha comunidade de fé.

Mas essa organização que apresento aqui tão certinha é constantemente chacoalhada por questões de ordem prática e objetiva e/ou existenciais e subjetivas. Nada é tão exato e simples. A quarentena é um desafio e sou fera em me desorganizar. Primeiro porque acabei me envolvendo numa quantidade impressionante de lives, o famoso "ao vivo" no Instagram. Acho que não soube administrar muito isso. Teve momentos em que cheguei a fazer três lives em um mesmo dia, e sobre temas diferentes. Entendi que era uma ferramenta importante para incidir na sociedade, provocar reflexões, compartilhar consolo e esperança. E, de fato, vivi momentos preciosos e diálogos muito enriquecedores. Logo comecei a receber retorno de muita gente falando como era importante o que eu fazia, como famílias me acompanhavam, amigos compartilhavam. Então aumentaram os convites e eu fui aceitando todos, sem fazer o cálculo do meu cansaço. Em determinado momento me senti esgotado, seco por dentro.

Além do livro e das lives, ainda desenvolvi um podcast chamado "Fraterno abraço", com reflexões semanais sobre espiritualidade e sociedade. Aumentaram os pedidos de entrevistas e produção de artigos. Enfim, minha organização diária passou a ser atravessada por essas tantas demandas e os dias foram ficando muito corridos. Agora estou conseguindo administrar melhor a agenda, dimensionar com mais sabedoria o tempo e dar uma desacelerada pedagógica. Bem, esta é a dimensão prática.

A outra questão é mais existencial, conforme mencionei. É que a tristeza e a ansiedade também são companhias presentes. Em vários momentos me flagro com medo de contrair o vírus, de me afogar no ar (como dizem) e morrer. Quando tinha dezesseis anos, tive uma neurite óptica bilateral e, de maneira repentina, perdi parte significativa da visão. Foi tudo muito rápido e difícil. Eu recuperei parcialmente a capacidade de enxergar, embora tenha ainda uma sequela. O fato é que desde então desenvolvi crises de ansiedade quanto ao meu corpo, imaginando que a qualquer momento ele pode falhar novamente. Olhando mais profundamente, essa é uma dimensão própria da vida, chamada desamparo. Como diz aquela canção: "Tem dias que eu fico/ pensando na vida/ E sinceramente/ não vejo saída/ Como é por exemplo/ que dá pra entender/ A gente mal nasce/ Começa a morrer".[4]

Esta é a condição essencial do ser humano, somos por definição protagonistas e coadjuvantes. Isto é, podemos muito e quase nada ao mesmo tempo. Nascer é começar a morrer, e cada dia que passa é também um dia a menos. Mas a mesma música, em outra parte, diz: "De nada adianta/ Ficar-se de fora/ A hora do sim/ É um descuido do não/ Sei lá, sei lá/ Só sei que é preciso paixão/ Sei lá, sei lá, a vida tem sempre razão".

Jesus ensinava que "basta a cada dia o seu mal" (Mateus, 6,34), porque não temos controle sobre o dia de amanhã. A vida tem uma dinâmica própria de partidas e chegadas, de fins e recomeços, tal qual o "descolorirá" de "Aquarela" que você citou. A vida é um fluxo constante, e ela nos convida a viver.

Mas voltando à letra de "Sei lá", a parte que mais me arrebata é "Só sei que é preciso paixão". É aqui que finco os meus pés: na paixão! Ela é o meu trunfo para superar a ansiedade e sorrir. Se a vida tem essa margem necessária — e intrínseca — de desamparo, então o melhor a fazer é impregná-la de paixão, de vontade criadora, de intensidade amorosa.

Mas sim, a ansiedade, fruto do meu trauma, tem me tomado muitas vezes nesta quarentena. Tem dias que meço minha temperatura várias vezes e se tenho uma dor de cabeça ou tosse, me desespero. Além disso, há o constante medo de perder as pessoas que amo, e o sofrimento diante da perda de tantas outras vidas.

Também fico chocado com o modo como o governo federal tem tratado a questão, e este é outro tema sobre o qual tenho refletido. Vejo uma política de gestão e promoção da morte, com fortes características autoritárias e fascistas. A frágil democracia brasileira está sob ataque frontal. E saber que parte da população brasileira vem reproduzindo uma percepção tão violenta me entristece. Contudo, não adianta paralisar, é preciso construir o futuro com o verbo "esperançar", aquele de fazer a esperança acontecer. Desacelerando, mas seguindo — assim vou vivendo.

Depois que a Maria dorme, eu e Carol conversamos com mais calma e atenção, vemos filmes ou séries, escrevemos ou ensaiamos cenas (ela é atriz e eu sou ator). Por volta de uma hora da manhã, às vezes duas (acredite!), nós vamos dormir. É isso, irmão: tem brincadeira com filha, leitura, *lives*, lágrimas, ansiedade, livros, escrita e, aos poucos, a busca mais disciplinada pelo silêncio. Será que consigo? Porque tem vezes, nessas horas de escuta interna, que sou tomado por um profundo sentimento de solidão. E quero crer que exista algum aprendizado nessa aflição.

Sobre suas perguntas, compartilho as seguintes percepções. Tenho muita desconfiança de uma educação exclusiva ou majoritariamente virtual. Entendo a praticidade dessa opção e que, em alguns casos, pode ser útil. Contudo, acredito no contato, no encontro, na troca presencial como a força de uma educação horizontal, de construção de conhecimento e emancipadora. A virtualidade em certo ponto me irrita. Já dei algumas palestras nesta quarentena olhando para a câmera do computador e é muito estranho. Sinto falta de ver as pessoas, perceber suas reações, interagir com elas mais organicamente.

Sobre a igreja, entendo que precisa estar inserida na sociedade numa postura de acolhimento, hospitalidade e serviço. Além disso, de posição firme ao lado dos pobres, oprimidos e alvos de violência. Classe, gênero e raça nos colocam questões que exigem posicionamento. Trata-se de uma atitude alicerçada nos valores do Evangelho de Jesus, para a superação das opressões e consequente produção de uma verdadeira igualdade.

Fraterno abraço,
Henrique

MARCELO BARROS
QUINTA-FEIRA, 07/05/2020
PARA: HENRIQUE VIEIRA

Henrique, querido irmão,

Quem já não passou pela experiência da solidão? Mesmo cercado por pessoas, podemos, de vez em quando, nos sentir sozinhos. Mesmo quem vive o casamento mais harmonioso e feliz, vez ou outra carrega no mais íntimo do seu ser alguma cota de solidão. Perguntar por solidão para alguém que, certo ou errado, optou pelo celibato é falar em corda em casa de enforcado.

Desde que me descobri gente, fui construindo vida afora grandes amizades. Até hoje, tenho amigos e amigas que vieram da infância e me acompanham bem de perto, assim como eu a eles e elas. Não se trata só de agradável convívio social. No decorrer do tempo, construímos juntos uma aliança fraterna que inclui partilha e comunhão solidária, profunda e comprometida. Acho que devo muito de quem hoje sou a essas amizades que me sustentam nas lutas da vida. Aos dezoito anos, entrei em um mosteiro para ser monge encantado com a perspectiva de viver em e para a comunidade. De alguma forma, a ideia era reviver o que o livro dos Atos dos Apóstolos afirma sobre a primeira comunidade cristã: "Os irmãos viviam juntos e tinham tudo em comum" (Atos 2,44).

Desde o começo, fui educado a não chamar de meu nada do que possuía. Tudo era "nosso", mesmo os objetos de uso pessoal, como caneta, papel, livros, roupas e sandálias. No entanto, posso garantir: mais difícil do que pôr em comum tudo o que eu tinha foi aprender a pensar todo o meu ser — e a vida mais íntima — em dimensão comunitária. É verdade que o salmo diz: "Oh! Quão bom e quão suave é que os irmãos vivam em união" (Salmos 133,1). Experimentei isso na pele durante os anos em que vivi em Olinda, em um mosteiro tradicional. Depois, participei por três anos de uma experiência de vida comunitária entre católicos e evangélicos morando e orando juntos na fraternidade de Taizé, ainda em Olinda. Por trinta anos, participei de uma comunidade de monges em um bairro periférico da cidade de Goiás, comprometidos com a caminhada dos lavradores sem-terra. Nos últimos dez anos, vivo um tipo de comunidade diferente: alguns anos com um casal amigo-irmão e depois com minha irmã de sangue. A quarentena me isolou, junto com ela, neste apartamento.

Há anos compreendo a diferença entre solidão e isolamento. A solidão é existencial. Isolamento é postura pessoal, é opção. A solidão eu vivo. O isolamento eu crio. A solidão é inevitável e todos nós precisamos assumi-la como parte da vida e do ser. Isolamento, não. É comportamento moral e, em si mesmo, considero-o negativo.

Na quarentena, somos forçados a ficar em casa e evitar a convivência com os de fora, como precaução e cuidado conosco mesmos e com os outros. No entanto, podemos viver isso de diversos modos. Atribui-se a Leonardo da Vinci a seguinte afirmação: "Para estar junto não é preciso estar perto, e sim estar do lado de dentro". Tenho descoberto como isso é verdade. É claro que, quase diariamente, acordo de manhã desejando poder sair de casa, visitar as pessoas e ser visitado, retomar meus trabalhos de acompanhamento a grupos e estar junto com os familiares e as pessoas que amo. No entanto, enquanto isso não é possível, me esforço por aprofundar outras formas de presença. Tenho um amigo que escreveu: "O ser humano está cotidianamente à procura da presença. É uma questão existencial que envolve todo o ser da pessoa".[5]

Concluo esta quase confissão como confirmação da minha fé na amizade enquanto caminho espiritual. Se tenho essa base garantida (as pessoas não estão perto, como disse Leonardo da Vinci, estão dentro), torna-se verdade o poema de Carlos Drummond de Andrade:

Por muito tempo achei que a ausência é falta.
E lastimava, ignorante, a falta.
Hoje, não a lastimo.
Não há falta na ausência.
A ausência é um estar em mim.[6]

Querido irmão, aqui me despeço, esperando ansiosamente ler o que você me diz sobre isso. Abraço solidário do solitário que não se isola.

Irmão Marcelo

HENRIQUE VIEIRA
QUINTA-FEIRA, 07/05/2020
PARA: MARCELO BARROS

Irmão,

Como é bom ler suas palavras! Elas me provocam conforto e doces reflexões. Eu também considero a solidão uma condição essencialmente humana, até certo ponto inevitável. Também acredito que é melhor reconhecer essa condição e criar a partir dela do que represá-la e reprimi-la, fingindo que não existe.

Quando tive a neurite óptica bilateral (aos dezesseis anos, lembra?), vivi uma experiência curiosa. Lembro-me de como foram fundamentais meus laços familiares e de amizade. Eu realmente senti a força da comunhão ao ter meus amigos e amigas literalmente chorando as minhas lágrimas. Durante o período de internação, foram todos ao hospital me visitar várias vezes. Em uma delas, planejaram um amigo oculto de chocolate surpresa. Cada pessoa levou um chocolate e um cartão, e em plena enfermaria escrevemos dedicatórias nos cartões, fizemos o sorteio e distribuímos os chocolates. Eu estava perdendo a visão, a causa não estava diagnosticada, vivia um turbilhão de emoções, mas o sentimento que me vem à cabeça quando me lembro desse dia é o de alegria. Eu me senti amado e isso me ajudou a prosseguir. Experimentei o benefício da orientação do apóstolo Paulo na Carta aos Romanos: "Alegrem-se com os que se alegram, chorem com os que choram" (Romanos 12,15).

Como é bom se abrir para participar da vida do próximo! Como é bom perceber que se é alvo de cuidado e de amor daqueles e daquelas que o cercam! Você se lembra do ensinamento da Epístola de Tiago? Diz assim: "Entre vocês há alguém sofrendo? Que ele ore. Há alguém que se sente feliz? Que cante louvores!" (Tiago 5,13). Bendita possibilidade de expressar sentimentos sem medo ou culpa! Bendita possibilidade de ser quem se é e encontrar no próximo acolhida e possibilidade de verdadeira expressão!

A amizade é uma das relações mais bonitas que a humanidade é capaz de produzir. O próprio Jesus estabeleceu uma relação de amizade com suas discípulas e discípulos. Está no Evangelho de João: "Já não os chamo servos, porque o servo não sabe o que o seu senhor faz. Em vez disso, tenho-os chamado de amigos, porque tudo que ouvi de meu Pai tenho lhes feito conhecer" (João 15,15). Jesus quebrou os protocolos de hierarquia e comando, e preferiu experimentar o convívio fraterno com as pessoas.

Mas voltando ao relato da minha perda visual, lembro também que, por mais que me sentisse abraçado por familiares e amigos, por mais que chorasse no colo de minha mãe e ouvisse suas orações e que aquilo me acalmasse, ainda assim aquela perda visual era minha, exclusivamente minha. Era meu corpo, meus olhos padecendo, ninguém podia me substituir.

Tal sensação ficava ainda mais forte na hora dos exames oftalmológicos. Reconheço que desenvolvi certo trauma com o ambiente hospitalar. A cada vez que eu precisava voltar ao hospital para acompanhamento, minhas mãos tremiam, eu começava a suar, o coração acelerava e eu sentia pânico de não poder sair de lá, de ficar internado. Meus amigos oravam por mim, no dia da consulta eu recebia muitas mensagens, minha mãe ia sempre comigo, segurando firme minhas mãos, contudo não tinha jeito: era eu que teria que entrar na sala e me submeter aos exames, era eu que viveria solitariamente aquele momento.

Por observação e constatação, aprendi que a solidão é uma condição humana. Estamos juntos, mas sós. A questão é que essa condição não precisa ser asfixiante, destrutiva. Quem sabe nesse lugar solitário possamos descobrir e expressar o melhor de nós? Quem sabe nesse lugar solitário possamos ouvir melhor a nossa voz, nossas vozes? Quem sabe nesse lugar solitário aprendamos a ter mais paciência e generosidade com nós mesmos e, consequentemente, com os outros? Quantas vezes, tomado pela correria da agenda, me senti apenas reagindo a fatores externos, vivendo de espasmos e não das minhas verdadeiras intuições e desejos mais profundos.

Nossa sociedade nos anestesia, meu irmão. É muita pressa e pouco coração. Não temos tempo para chorar e, assim, até os nossos sorrisos ficam sem força. Não temos tempo para o silêncio e, assim, nossas palavras perdem consistência. Existe algo de muito generoso nesta solidão receptiva e acolhedora da vida: aprendemos a amar mais e melhor, passamos a reverenciar a sacralidade que habita em cada ser.

Nossa sociedade tem nos roubado o direito a nós mesmos, é o reino do individualismo matando nossa individualidade. Tem um artista de que gosto muito, chamado Angelo Mundy. Ele tem uma canção sobre a insônia chamada "O sono não veio". No final da canção, ele diz: "O sono não veio,/ não tem mais problema,/ pois nesse momento caem encantos, crescem contos, nascem poemas". Acho lindo demais! No silêncio da noite, no tédio da insônia, na companhia de nós mesmos, podemos criar, poetizar nossa angústia, renovar nosso olhar, converter nosso coração. Tem algo de criação na solidão, não é mesmo, meu irmão?

Estou em busca de mim, vou te avisando conforme for encontrando. Acho que nas minhas desarrumações estão os meus tesouros.

Fraterno abraço deste eterno caçador de mim,

Henrique

MARCELO BARROS
SEXTA-FEIRA, 08/05/2020
PARA: HENRIQUE VIEIRA

Henrique, querido irmão,

Neste momento da pandemia, sendo do grupo de alto risco (idoso e com doença respiratória crônica depois de cirurgia cardíaca), convivo de perto com a irmã Morte. Como dizer que não tenho medo dela? Tenho sim, e já a encontrei diversas vezes. Quando mais jovem, a encarei em situações de risco. Estive diante de armas no tempo da ditadura militar. Enfrentei riscos de morte no apoio aos lavradores sem-terra. Me vem à mente um episódio.

Era 1979 e, certa tarde, na fronteira entre a Paraíba e Pernambuco, fui com dom José Maria Pires, então arcebispo de João Pessoa, e um pequeno grupo celebrar com posseiros. Eles tinham ocupado a sede de uma fazenda que, no papel, era de propriedade das então conhecidas Casas Pernambucanas. O lugar estava rodeado de pistoleiros a cavalo. Eles nos impediram de entrar, nos detendo logo na porteira. Ali ficamos uma tarde inteira sob a mira de suas armas. Em determinado momento, dom José decidiu fazer o culto ali mesmo. Os posseiros e suas famílias se aproximaram do lado de dentro da cerca. Entre nós, além da cerca, uma fileira de homens armados e prontos para disparar. Mas ainda assim celebramos e nos demos a paz.

Até meus sessenta anos, a doença mais grave que enfrentei foi uma ou outra gripe forte. Depois, por duas ou três vezes, vi a morte de perto. E, por enquanto, ainda estou por aqui.

Sinto-me herdeiro de duas culturas de certa forma opostas. Sou alguém que nasceu e cresceu nesta sociedade que nos educa a não pensar na morte e fazer de conta que ela não existe, a não ser para os outros. Não se fala no assunto e ninguém se prepara para enfrentar o momento da morte, que permanece como um nó que nunca aprendemos a desatar. Isso é péssimo, a vida tem sido desumanizada, e com isso a morte também perde o seu sentido. É dessacralizada e, assim, não aprendemos mais nada com ela.

Eu dizia que sou filho de duas culturas de certa forma opostas. A primeira é esta sociedade que disfarça o medo da morte e a sua certeza. Mas, aos dezoito anos, quando entrei no mosteiro beneditino, logo nos meus primeiros dias lá, um dos costumes que mais me espantou foi o dos monges recrearem passeando sobre os túmulos dos já falecidos. Conversavam sobre os assuntos do dia a dia pisando em lajes, algumas mais antigas, outras mais novas, escritas em latim, indicando que ali jaziam irmãos que viveram e faleceram na busca da intimidade de Deus. Perguntei o porquê daquele costume. O mestre me respondeu: "Vive bem quem, a cada dia, convive com a morte. Em Deus, todos nós estamos vivos". Não compreendi.

Depois, aprendi a ver a morte não como tragédia incompreensível e sim como dor de parto que gera vida nova. Vi muitos monges morrerem. Quando, para um monge, chega a hora da partida, a comunidade dobra o sino maior do mosteiro e se reúne junto ao leito do moribundo. Todos cantam o cântico da consagração que aquele irmão entoou no dia em que se tornou monge. Assim, entregam a Deus o monge que parte. Conheci um monge que estava moribundo. Quando a comunidade fez essa oração ao pé do seu leito e o entregou a Deus, ele disse as seguintes palavras: "Bem-vinda sejas, irmã Morte. Dá-me mais um dia para eu me converter e me reconciliar com quem não amei bastante. Depois, vem me buscar".

Entre os monges antigos, era comum essa convivência com a morte não por um desprezo à vida, mas, ao contrário, por uma integração entre vida e morte. Um dos monges que mais me impressionou nesse assunto era músico. Foi compositor e autor de vários hinos que, durante anos, cantamos. Ele soube pelo médico que estava com câncer de fígado em estágio terminal. Não tardou para a doença consumi-lo. Um dia, despertou de um momento de coma. Ouviu o toque do sino, olhou ao redor e viu a comunidade reunida, renovando sua consagração. Compreendeu o que aquele rito significava. Deixou os irmãos acabarem o cântico e fez sinal de que queria falar ao abade. Este se aproximou e ele sussurrou: "Já que vou morrer, quero comer uma maçã assada e beber um cálice de vinho". Comeu, bebeu e entregou o espírito a Deus.

Devo lhe confessar que ainda não cheguei a essa integração tão tranquila da morte na vida. Com a experiência da idade percebo que, em geral (claro que há exceções), as pessoas morrem como viveram.

Nos mosteiros cristãos, comunidades indígenas e afrodescendentes que vivem de acordo com suas culturas originais, as pessoas envelhecem em meio ao grupo, inseridas na teia comunitária. Nada de asilos e ninguém se aposenta da fé, da comunhão com os outros e do louvor em cada elemento da natureza. Ao contrário, os mais velhos se tornam bibliotecas vivas de sabedoria e de apoio aos mais jovens. Assim sendo, as pessoas falecem — em geral, já muito idosas — como uma vela que se apaga. Os vivos convivem com seus mortos.

No universo, há um equilíbrio entre a vida e a morte. Falando a partir das antigas culturas do Oriente, o escritor Herman Hesse diz: "A cada chamado da vida, o coração deve estar pronto para a despedida e para novo começo, com ânimo e sem lamúrias".[7]

Penso que nas culturas mais fiéis às antigas tradições, sejam cristãs, sejam de outra fonte espiritual, a morte é uma invenção sábia da vida para que ela possa permitir à pessoa emergir no universal. De acordo com essa sabedoria, a morte faz parte da vida. A gente começa a morrer no dia em que nasce. Dados da ciência concordam com isso. Desde a concepção, o programa genético de cada pessoa já determina o seu tempo de vida, desde que não haja acidentes de percurso e a pessoa não nasça num país onde, como dizia o Riobaldo, de Guimarães Rosa, "viver é muito perigoso".

O mundo de hoje rompeu com essa sabedoria. A pandemia só revelou isso ainda mais, denunciando um modelo de sociedade que privatiza a saúde e por isso não consegue atender às necessidades de sua população. Além da desumanidade da morte mal atendida em hospitais e postos de saúde, há a atrocidade ainda maior de que as pessoas morrem isoladas, sem poder contar com a presença dos seus familiares. E, depois da morte, filhos e parentes nem podem ter a consolação da despedida presencial.

A fé nos vem em ajuda. Não nos faz sentir menos medo da morte, mas nos orienta a confiar que, como diz o Cântico dos Cânticos, ou os Cantares de Salomão: "O amor é forte como a morte" (Cânticos 8,6). Jesus veio nos revelar que é mais forte do que a morte, já que é divino, pois "Deus é amor" (1 João 4,16).

Então, para mim, como penso que deve ser para todos, o lado de lá permanece um grande mistério e não adianta ter a pretensão de querer compreendê-lo ou explicá-lo. Pessoalmente, não sou a favor de disfarçar o medo da morte ou de me iludir com atenuantes de que ela seria apenas um passo ou uma porta para outra dimensão. Como cristão, creio na ressurreição de Cristo, fonte e princípio da ressurreição de todos nós. No entanto, prefiro vivê-la nas mortes e ressurreições de cada dia.

É o amor que nos torna cúmplices de Deus, capazes de multiplicar as ressurreições no mundo. É o amor que nos empurra, nos eleva, nos desperta, nos revive. Este é o prodígio, a novidade do amor. A gente podia imaginar isso, mas sempre nos surpreende, nos move e nos ultrapassa.

Peço a Deus que faça de mim testemunha como as mulheres, primeiras discípulas de Jesus, na madrugada daquele domingo. Havia no ar uma novidade que elas mesmas não sabiam o que podia ser. Lá foram elas, meio clandestinas, tecendo uma conspiração do amor que chega até nós e tem de ir além de nós. Temos de ir juntando irmãos e irmãs nessa conspiração de uma vida que vence a morte. Pela força do amor divino que é ressurreição, os túmulos do mundo ficam vazios. Temos de correr nessa madrugada do mundo que luta contra o coronavírus. Devemos libertar a terra desse inimigo, mas também de todos os vírus da morte e do desamor. É preciso que a humanidade inteira e a Mãe Terra corram em direção à vida, à ressurreição.

Há poucos anos, o nosso querido irmão e amigo Zé Vicente, compositor das comunidades eclesiais de base, compôs um cântico para o domingo da Ressurreição que, se você quiser, encontra no YouTube muito bem cantado. Chama-se "Madrugada da ressurreição".

Madrugada ê, galo cantou
A paz se faz, a morte jaz
Jesus ressuscitou!

As mulheres saudosas já se vão
Faz escuro e dói no coração
Mas alegre anuncia o mensageiro:
"Está vivo o Senhor do mundo inteiro!"

[...]

Salve a vida que a morte não matou.
Salve a mão que o sangue não manchou.
Vamos todos dançar de alegria,
pois o Cristo venceu, é um novo dia.

Henrique, querido, na esperança pascal e na alegria de sermos juntos testemunhas de uma vida nova, abraço-o de coração.

Seu irmão Marcelo

HENRIQUE VIEIRA
SEXTA-FEIRA, 08/05/2020
PARA: MARCELO BARROS

Sim, irmão. Sinto medo da morte. Desculpe-me a afirmação aparentemente redundante, mas devo dizer: a morte é um grande desperdício de vida. Eu queria tanto viver em plenitude e para sempre... Sinto saudade de coisas que não vi nem vivi, de pessoas que não conheci e de lugares para onde ainda não fui. Quero uma eternidade para ir juntando as diversas partes que me habitam e ir desfrutando das potencialidades do meu ser. Quero tanto mergulhar no oceano da comunhão e contemplar a riqueza que existe em cada ser humano! Quero tanto um lugar livre das amarras que impedem a humanidade de ser plena! Quero tanto a morte da morte e a morte do que nos faz morrer em vida!

Nesta utopia reside minha espiritualidade. Não sei se é ingênuo demais, mas habita em mim um lugar que não existe, e nesse lugar a morte não tem vez. Gosto de pensar que, de alguma maneira, estamos rumando para Deus e que no coração divino seremos uma nova humanidade.

Guardo em mim uma briga com a morte. Lembro--me de uma das passagens mais viscerais do Evangelho: Jesus no monte das Oliveiras.

E saindo foi, como costumava, para o monte das Oliveiras; e também os seus discípulos o seguiram. E, quando chegou àquele lugar, disse-lhes: "Orais para que não entreis em tentação". E apartou-se deles cerca de um tiro de pedra. E pondo-se de joelhos, orava. Dizendo: "Pai, se queres, passa de mim este cálice, todavia, não seja feita a minha vontade, mas a tua". E apareceu-lhe um anjo do céu e o fortalecia. E, posto em agonia, orava ainda mais intensamente. E seu suor tornava-se como grandes gotas de sangue, que corriam até o chão. (Lucas 22,39-44)

Vejo ali um homem profundamente apaixonado pela vida.

Consciente das maldades do mundo, percebia que a força da oficialidade religiosa atrelada ao Império Romano o perseguia. Ele sabia que a cruz estava se aproximando, sentiu medo e solidão. E, a despeito de tamanhas injustiças, queria ardentemente viver.

Vejo em Jesus mais do que um instinto de autopreservação, vejo um amor gigante e uma utopia de humanidade que Ele chamava de Reino de Deus. Jesus queria defender o seu corpo e todos os corpos. Contudo, naquele momento, faltavam-lhe forças, e Ele sabia que estava enfraquecido. Seus inimigos já tinham se articulado com as lideranças do governo, havia pouco a fazer. A morte estava no horizonte próximo.

Então Ele foi para o lugar de suas orações, onde tantas vezes já havia conversado com Deus. Mas dessa vez Ele foi triste. Se ajoelhou e pediu para não morrer. Um anjo apareceu para lhe confortar, uma epifania. Ainda assim, a angústia era tão grande que Ele chegou a suar sangue. Jesus está ali de joelhos com toda a humanidade, experimentando o drama da condição humana.

Jesus de fato foi preso, interrogado, sentenciado, condenado, humilhado, torturado e executado. Na cruz, segundo a memória do Evangelho: "E, à hora nona, Jesus exclamou em alta voz: '*Eloi, Eloi, Lama, Sabctani?*'" (Marcos 15,34). Que traduzido é: "Deus meu, Deus meu, por que me desamparaste?".

O teólogo e amigo Leonardo Boff me ajuda a entender a beleza e a profundidade desse texto. Jesus se entregou em confiança na bondade de Deus. Mesmo se sentindo abandonado (sentimento radicalmente humano), afirma: "Deus meu, Deus meu". Ao fim, Jesus exclama: "Está consumado". E, inclinando a cabeça, entregou o espírito. No último segundo da sua vida, Jesus sentiu que, apesar de tudo, o sentido da sua vida havia se realizado: o propósito de viver por amor. E por isso ele pôde se entregar totalmente a Deus.

Sabemos que os Evangelhos são memórias contadas a partir de uma declaração de fé, não são textos biográficos precisos, e é essa a minha interpretação: Jesus passou pela angústia, pelo medo, sentiu-se abandonado, mas insistiu na bondade, amou até o fim.

Eu também quero revelar meu medo e minhas angústias. Quero dizer para Deus sobre a minha falta de fé. Ao brigar com Deus, me entrego ao seu colo. Costumo dizer que creio quase não crendo, mas não consigo deixar de crer. Um dia, espero olhar para a morte como irmã, como parte do ciclo vital e como entrega definitiva à vida. Como diz Leonardo Boff: "Não vivemos para morrer, mas morremos para ressuscitar."[8] Humanizar a morte e olhar para ela com serenidade também significa preencher a vida de sentido. Quero muito, como já disse, viver o milagre do tempo presente, não ser refém do medo nem me alimentar de preocupações. Como é difícil, meu irmão!

Lembro-me de uma história, das mais belas que já li, contada no livro *O Evangelho maltrapilho*, de Brennan Manning. Um monge fugia de um tigre feroz e de repente se viu diante de um precipício. Olhou para trás e viu o tigre se aproximando. Ele notou que havia uma corda que pendia da beirada do despenhadeiro. Agarrou-se nela e começou a descer. Parecia ter se livrado do perigo. Quando olhou para baixo, viu uma enorme extensão de rochas pontiagudas. Olhou para cima e o tigre estava lá, atento, com as garras à mostra. Para deixar tudo mais dramático, nesse exato momento dois camundongos se aproximaram e começaram a roer a corda. O que fazer? Então o monge viu um morango preso na rocha, ao alcance da sua mão. Ele pegou o morango, comeu e exclamou: "Que delícia, esse é o melhor morango que comi em toda a minha vida". Brennan Manning conclui de maneira brilhante: "Se ele tivesse se preocupado com as rochas abaixo (futuro) ou com o tigre acima (passado), teria perdido o morango que Deus estava lhe dando no tempo presente".[9]

Quero fazer as pazes com a morte e viver intensamente a vida. Quero descobrir a beleza dos morangos do cotidiano, coisas simples como uma conversa entre amigos, um telefonema da minha mãe, um abraço da minha companheira, um sorriso da minha filha, a leitura de um livro, o silêncio solitário na madrugada, a quietude diante do amanhecer, a reverência diante do anoitecer, um copo de água... Enfim, não quero perder de vista os morangos de Deus e, apesar das minhas angústias ou junto com elas, quero me deliciar com a vida na radicalidade do tempo presente.

Um abraço, querido monge!
Henrique

MARCELO BARROS
SÁBADO, 09/05/2020
PARA: HENRIQUE VIEIRA

Henrique, querido irmão,

Li, reli e me deliciei com suas mensagens. Antes de passarmos a outros assuntos, queria me deter um pouco mais em alguns dos seus comentários e ruminar alguns elementos do que você compartilhou comigo, ou, em outras palavras, me ofereceu como alimento para o caminho.

1. REENCONTRAR A FONTE INTERIOR EM MEIO À AGITAÇÃO

Em sua primeira carta, você fala desse seu jeito que chamou de "acelerado". Essa expressão caberia também para mim. Desde jovem, a educação no mosteiro sempre exigiu o que chamavam de "gravidade monástica", ou seja, uma postura mais séria e retida. Um ritmo de vida mais compatível para quem carrega dentro de si um mistério que é, ao mesmo tempo, profundo e frágil. Mas eu, ao contrário, sempre pareci mais a figura meio folclórica do garçom que equilibra pratos ou copos enquanto corre para servir os fregueses e dar conta de todo o serviço. De fato, confesso que não gosto da ideia de ser agitado, mas... ainda agora, nestes dias da quarentena, amigos e amigas me escrevem perguntando como estou conseguindo ficar quieto em casa! Respondo: "Em casa, sim. Quieto, nem tanto".

Há quem confunda aceleração com impaciência, o que não tem nada a ver. Em meu itinerário espiritual, me consolou muito quando li que, na década de 1940, com toda a sua atividade pela independência da Índia, Mahatma Gandhi cobrava de si mesmo o fato de não conseguir a quietude espiritual que os hindus esperam dos monges. Quando parava para meditar em postura de ioga, uma perna coçava, um ombro beliscava e ele passava o tempo todo se esforçando para não sair correndo. Não conseguia mergulhar na imobilidade meditativa dos iogues ou no chi kung do tai chi chuan. De repente, lhe veio a intuição. Descobriu a roca — o fuso, ou tear. Sentava-se diante do tear, colocava as linhas e, com a coluna ereta, começava a movimentar os braços para fazê-lo girar e, assim, ir tecendo a túnica ou a roupa de que precisava. Esse movimento regular e, de certa forma, mecânico lhe permitia meditar e orar. Assim, ele descobriu um modo próprio de meditar mais adaptado ao seu temperamento agitado. A partir dessa experiência, escreveu um dos seus textos mais bonitos: "A roca e o calmo pensar" ("calmo pensar" porque um dos objetivos da meditação oriental é deter a proliferação de pensamentos que invadem a mente e a dividem).

Certamente, eu e você temos nossas próprias rocas, ou seja, instrumentos que nos conduzem à unificação interior: pode ser a música, a leitura ou, no seu caso, brincar com Maria.

As antigas tradições espirituais insistem que só o presente existe. Na maioria das vezes, a nossa agitação (a minha e a sua) vem do fato de que queremos resolver coisas do passado ou organizar o futuro. Claro que essas dimensões se entrecruzam e nem sempre há como separá-las, mas no Evangelho Jesus recomenda a atenção ao presente: "Por isso vos digo: Não andeis cuidadoso quanto à vossa vida, pelo que haveis de comer ou pelo que haveis de beber; nem quanto ao vosso corpo, pelo que haveis de vestir. Não é a vida mais do que o mantimento e o corpo mais do que o vestuário?" (Mateus 6,25). Ou na passagem que você mesmo já mencionou: "Não vos inquieteis, pois, pelo dia de amanhã, porque o dia de amanhã cuidará de si mesmo. Basta a cada dia o seu mal" (Mateus 6,34).

Você é conduzido a essa atitude espiritual do "viver o tempo presente" por uma profetiza chamada Maria, e por meio dela pôde descobrir que "brincar é uma arte do agora, sempre agora".

O Evangelho insiste na infância espiritual e na alegria das bem-aventuranças. Muitas vezes, a tradição ocidental cristã fixou-se em métodos de espiritualidade que tornam as pessoas por demais sérias e artificialmente adultas. Mestre Eckhart, místico alemão do século XIV, dizia que cada um de nós tem uma dimensão mística e esse ser místico é a criança que existe dentro de nós. Santa Mectilde, monja medieval, ensinava:

> Deus conduz a criança que existe dentro de nós de maneira maravilhosa. Ele leva a alma a um local secreto, brinca com ela e afirma: "Eu sou teu companheiro de brinquedos. Tua infância é a companhia para o meu Espírito. Conduzirei a criança que existe em ti nas formas mais maravilhosas, pois te escolhi".[10]

Por isso, confesso que tenho inveja de você a quem Deus deu de presente uma Maria para, neste tempo de quarentena, reconduzi-lo a essa infância espiritual. Quando em mim sinto a exigência de ser sério demais, me lembro do Milton Nascimento cantando: "Há um menino,/ há um moleque/ Morando sempre no meu coração/ Toda vez que o adulto fraqueja,/ ele vem pra me dar a mão".[11]

Por falar em Maria, quero passar ao segundo ponto da sua carta, e o faço me abrindo com você.

2. INTEGRAR SOLIDÃO E CARÊNCIAS EM NOSSO PROJETO DE VIDA

Nós dois pensamos a solidão como condição existencial do ser humano. A diferença é que você vive isso apoiado por Carol e conduzido por Maria. Quanto a mim, sou celibatário. Por questão de princípios e fidelidade ao meu modo de ser, mesmo depois dos setenta exijo de mim permanecer sempre aberto ao outro e me deixar tocar no coração pelas pessoas e pela paixão do projeto maior que os Evangelhos chamam de Reino de Deus. Concretamente, agradeço a Deus por sempre contar com amigos e amigas excelentes.

Um místico medieval propôs que distinguíssemos a amizade da fraternidade. A fraternidade é universal. A amizade, não. Amigos e amigas nós podemos escolher livremente. Para mim, a amizade tem sido como a manifestação permanente do rosto de Deus na minha vida. No entanto, devo confessar que, quanto mais o tempo passa e a idade avança, mais sinto falta do vínculo conjugal e de não ter tido a delícia que é sentir-me responsável, como pai, por uma vida humana, desfrutar a alegria de acompanhar o seu crescimento e a ela me consagrar. Quando jovem, fiz a opção de viver em comunidade celibatária. Monge beneditino não faz explicitamente voto de celibato, mas compreende que uma coisa implica a outra. O compromisso de viver em comunidade de vida fraterna significaria isso.

Atualmente, há comunidades de pessoas consagradas que se abrem a casais. Em outro contexto cultural e em outra compreensão de espiritualidade, o celibato era tido como entrega maior. Em um mundo como o nosso, que Eduardo Galeano considerava como "a sociedade do desvínculo", é essencial testemunhar que, como diz a canção, "qualquer maneira de amor vale a pena".[12]

No meu caso, quando assumi o compromisso de ser monge, pensava que viveria até morrer em uma comunidade de irmãos. No entanto, a opção de viver o Evangelho inserido na realidade do mundo e de assumir para mim um modelo de igreja descentrada a serviço dos oprimidos me levou a certa solidão institucional. Agora, há quase quinze anos, por razões que não escolhi, vivo sem comunidade institucional. Não posso me queixar. Tenho de agradecer a Deus o apoio dos amigos, e, mesmo se não gerei fisiologicamente nenhum filho ou filha, faço questão de manter uma relação afetuosa de pai com jovens que acompanho de perto. Ainda assim, confesso que fico com uma pontinha de inveja de você que conta com Carol e Maria para construir na relação íntima da família o que você propõe para o mundo. Por causa dessa inveja, vou ter de orar mais a Deus para abençoar vocês como família e sempre acompanhá-los com o Seu amor nos caminhos da vida.

3. A HERANÇA ESPIRITUAL DE DOM HÉLDER CÂMARA

Você disse que gostaria que eu falasse mais da minha relação com dom Hélder Câmara. De fato, em maio de 1967, eu tinha 22 anos e era monge no mosteiro de Olinda quando recebi o recado de que o arcebispo de Olinda e Recife queria falar comigo. No começo pensei que fosse trote. No entanto, era mesmo dom Hélder. Ao saber que, como monge, eu frequentava igrejas evangélicas e mantinha relações de amizade com o pessoal de religiões afrodescendentes, ele me pediu para ser seu secretário e assessor para as relações com outras igrejas e outras religiões.

No nosso primeiro encontro, respondi que ele me pedia mais do que eu podia fazer. Eu não tinha curso de teologia e me achava muito verde para o cargo. Ele sorriu e respondeu: "Você tem o mais importante, que é o amor". A partir desse dia, durante nove anos, se ele não estava viajando, toda quarta-feira às oito horas eu tinha reunião com ele, na salinha da casa que você, ao vir ao Recife, visitou. E uma vez ou outra ele me chamava para acompanhá-lo em alguma visita ou missão pelo território do Recife ou fora. Acabei também fazendo parte da coordenação da pastoral da juventude. Em 1969, ele me ordenou padre.

Lembro-me de que em um desses anos a Igreja luterana no Recife (do sínodo de Missouri) fazia aniversário e organizava um culto festivo. Dom Hélder estava viajando e me pediu para ir representá-lo no culto levando uma carta sua ao pastor e à comunidade. Fiz isso. No entanto, o pastor que coordenou o culto falou da reforma e de Lutero citando a Igreja católica de forma muito agressiva. Chamou o papa de anticristo e reafirmou sua convicção de que bispos e padres católicos são todos idólatras e corruptos. E eu ali no primeiro banco, ouvindo quieto. Fiquei até o final, me despedi educadamente, mas com o verdor da minha juventude avaliava que a carta de dom Hélder e a minha presença tinham sido inúteis e mesmo inadequadas. Na primeira ocasião que tive, contei a dom Hélder o que tinha ocorrido e o que achava. Ele me respondeu: "O meu pensamento é que isso que você viveu lá no culto luterano foi café pequeno em relação ao que, no tempo da Reforma e no decorrer dos séculos, eles sofreram por parte da Igreja católica. Agradeça a Deus por ter podido viver esse momento de humildade e os irmãos terem podido lhe dizer, cara a cara, o que pensam. Quanto ao conteúdo do que disseram, vamos pedir a Deus para que possa não ser totalmente verdade... Mas só Deus pode julgar".

Fiquei desconcertado. Só depois entendi melhor. Saí de lá com uma das circulares que ele sempre escrevia após suas vigílias de oração na madrugada. E ali tinha um de seus pequenos poemas:

Diante do colar belo como um sonho
admirei, sobretudo, o fio que unia as pedras
e se imolava anônimo,
para que todos fossem um.

Uma vez, contei a ele que, mesmo com todas as regras do mosteiro, eu fazia questão de ser e de parecer livre. Alguns dias depois ele me mostrou a seguinte frase: "Quem pode vangloriar-se de ser livre? Quem não tem ainda prisões secretas, cadeias invisíveis que oprimem mais quanto menos aparecem?".[13]

Em 1976 fui ajudar uma pequena comunidade de monges em Curitiba. Um ano depois nos transferimos para Goiás e passei a morar longe dele. Sempre que voltava ao Recife para estar com minha família ou para algum trabalho pastoral, eu o visitava. Tive a graça de vê-lo pela última vez, em agosto de 1999, quinze dias antes de sua partida definitiva. Tinha noventa anos, lutava contra uma flebite que tinha inflamado as veias de suas pernas e, embora a mente se mantivesse lúcida, o corpo estava muito frágil.

Eram seis da tarde e ele estava sentado à mesma mesa na qual, nos anos 1970, sempre nos reuníamos. Nem conseguia levantar a cabeça. Perguntei se me reconhecia e ele acenou levemente que sim, quase não conseguia falar. Quis poupá-lo e pedi que me desse uma palavra de orientação. (Os monges costumam pedir aos mestres uma palavra de vida e eu sabia que aquela que ele me daria seria a última.) Ele não respondeu. Achei que nem tinha entendido e decidi ir embora para não o cansar mais. Despedi-me e fiz o gesto de beijar a sua mão. Ele segurou a minha e vi que queria dizer alguma coisa. Inclinei a cabeça e ele sussurrou: "Não deixe cair a profecia".

Querido Henrique, penso que estas últimas palavras de dom Hélder não foram dirigidas só a mim — e sim a todas as pessoas que, como você, receberam de Deus esse encargo de serem sinais e antenas da palavra divina para este mundo sem rumo. Vamos continuar juntos nesse caminho que o Dom nos indicou.

Abraço do irmão Marcelo

HENRIQUE VIEIRA
SÁBADO, 09/05/2020
PARA: MARCELO BARROS

Irmão Marcelo,

Fiquei profundamente tocado com seus relatos sobre dom Hélder e a última fala dele para você, "Não deixe cair a profecia". Lembram-me as palavras de lamento de Jesus: "Jerusalém, Jerusalém, você que mata os seus profetas e apedreja os que lhe são enviados! Quantas vezes eu quis reunir os seus filhos, como a galinha reúne os seus pintinhos debaixo de suas asas, mas vocês não quiseram!" (Lucas 13,34).

Palavras duras e tristes. A profecia cumpre o papel de desestabilizar a opressão, desnaturalizar tragédias sociais e coletivas, chacoalhar o estado de coisas vigente, denunciar a maldade de estruturas econômicas e políticas. A profecia vem da margem, do lugar rejeitado: aparece como voz dissonante. A profecia é interpelação de Deus para suscitar no ser humano seu maior potencial. Dessa forma, desmascara todas as capas que sufocam a mente e o coração. Provoca a necessidade de mudança, por isso sempre causa desconforto. Toca na ferida para curá-la de vez. É brisa suave com força de furacão que nos transforma por inteiro. A profecia é, por essência, antissistema.

A profecia, tal como a espiritualidade, sempre significa ruptura com lugares estreitos para que a vida seja mais larga e plena. Nenhuma ruptura é fácil, pois provoca medo e incertezas. Contudo, para o coração humilde, a profecia é boa notícia. Jesus dizia insistentemente: "Arrependam-se e creiam na boa notícia, porque é chegado o Reino dos Céus" (Marcos 1,15).

Justamente porque chamam o presente para o futuro e porque desmascaram nossas faltas individuais e sistêmicas, os profetas não podem ter amor pelo próprio pescoço. Esse é o lamento de Jesus: profetas e profetizas enviados por Deus não tiveram compreensão e aceitação, pelo contrário, sofreram perseguição. A ditadura civil-militar brasileira perseguiu dom Hélder, impedindo que ele falasse na imprensa. E quantos outros profetas também não foram perseguidos!

Mas, irmão, não podemos deixar a profecia cair. Enquanto escrevo, busco me convencer disso e não desistir. É preciso coragem, dizia sempre dom Paulo Evaristo Arns, outra grande referência da simplicidade amorosa do Evangelho de Jesus. O tempo em que estamos vivendo exige de nós coragem.

Cresce no Brasil uma narrativa fascista de eliminação da diferença e de gestão e promoção da morte. Essa narrativa já tem contornos institucionais. O povo sofre com o desmantelamento de políticas públicas de cunho social, com o aprofundamento da concentração de renda e da desigualdade, com a desproteção institucional cada vez maior.

O mercado é um deus tirano, possessivo e implacável. Quem não consome é, para ele, subcidadão. O encarceramento em massa, a progressiva eliminação de pobres, negros, moradores de favelas e periferias não é o sistema dando errado, mas sim o sistema em seu pleno funcionamento. É o sacrifício exigido pelo "deus mercado".

Triste ver o que está acontecendo com os povos indígenas, cada vez mais sufocados pela ganância de grandes fazendeiros, garimpeiros, grileiros — todos articulados com os poderosos do país. Lamentável ver discursos de exaltação à ditadura militar e de torturadores, o estímulo ao armamento, o desprezo total pela vida e pela dignidade humana. Esse cenário nebuloso é marcado por um fanatismo religioso falsamente cristão. Quantas lideranças religiosas apoiam esse projeto de morte!! Quantas pessoas do povo reproduzem e corroboram esse discurso que, no limite, prejudica suas próprias vidas! A profecia tem urgência, meu irmão!

E a pandemia revela ainda mais o caráter absurdo de nossa sociedade e a insensibilidade patológica e conveniente de alguns governantes. O vírus não escolhe ricos ou pobres, e todas as vidas importam igualmente, mas é evidente que, tanto proporcionalmente quanto em termos absolutos, pessoas pobres morrem mais. Num país onde desigualdade social e racismo estrutural são entrelaçados, também se pode apontar que o povo negro se torna vítima prioritária desta pandemia. Milhões de brasileiros não têm sequer saneamento básico. Essa não é uma questão separada da espiritualidade, de jeito nenhum. A humanidade é tão bela e preciosa... tudo poderia ser muito melhor, não é? Estou sendo ingênuo, meu irmão? Será fantasia? Mas também Jesus não foi cheio de fantasia com sua imaginação e mensagem?

As palavras de dom Hélder batem forte aqui em meu coração. Profecia de Zumbi e Dandara; de Tereza de Benguela, Francisco de Assis, Martin Luther King e Malcolm X; de Maria Carolina de Jesus, irmã Dorothy, Chico Mendes, Marielle, e tantas pessoas cujos nomes não sabemos, mas que estiveram ou estão na palma da mão de Deus mudando a história do mundo. Pessoas anônimas para a história, mas que cultivaram e cultivam jardins de esperança no cotidiano da vida.

Uma profecia livre como o vento, não confinada a doutrinas ou templos: nosso tempo pede essa ousadia, não acha? Estejamos juntos, irmão. Os batuques de esperança não deixaram de tocar e algo me diz que o futuro da humanidade não vem da Casa Branca ou do Palácio do Planalto, mas dos quilombos, das aldeias indígenas, dos terreiros, das sinagogas, das mesquitas, das igrejas, dos templos, das praças, das ruas, dos assentamentos e acampamentos rurais, das ocupações urbanas, das periferias e favelas, daquela casa simples em Recife onde morou esse irmão: o profeta dom Hélder Câmara.

Fraterno abraço, hoje vou sonhar
com o Reino de Deus.
Henrique

MARCELO BARROS
DOMINGO, 10/05/2020
PARA: HENRIQUE VIEIRA

Henrique, querido,

Como não responder à sua carta tão bela e profunda sobre a profecia hoje no mundo? De fato, há mais de dez anos eu quis compartilhar com a turma mais jovem (da sua geração) a herança profética de dom Hélder Câmara, especialmente para a juventude que não teve ocasião de conhecê-lo pessoalmente. Escrevi um livro bem simples, aberto a cristãos e não cristãos: *Dom Hélder Câmara, profeta para os nossos dias*. Assim que puder, mandarei um exemplar para você. Ou você pode ler em e-book.

Concordo sobre a importância dos profetas e profetizas neste mundo tão sem rumo e, para mim, seguir Jesus é me colocar a cada dia de novo na escola da profecia.

Em 2007, fui ao II Fórum Mundial de Teologia e Libertação, que se realizou em Nairóbi, no Quênia, reunindo teólogos e teólogas de várias igrejas cristãs. A coordenação do encontro convidou um teólogo muçulmano para falar à assembleia. Ele saudou a todos e disse: "Não vou fazer palestra. Só quero perguntar uma coisa: qual foi o segredo para que os impérios sempre se dessem tão bem com a religião de vocês? O que vocês fizeram para isso?". Silêncio total. Ele repetiu a pergunta e se retirou.

Conto isso para levantar duas questões: a primeira é que ou somos profetas, ou não somos discípulos de Jesus; e, concretamente, isso significa testemunhar uma palavra crítica de Deus a esta sociedade. E não se trata de mensagens moralistas, que dizem respeito a questões de moral individual, e nem de mensagem religiosa para os corações contritos. É anúncio-testemunho do projeto divino para este mundo. A função que Jesus assumiu para si foi a de profeta disso que os Evangelhos chamam de reinado divino. Por isso ele afirmou, falando de si mesmo: "Não há profeta sem honra, a não ser na sua pátria e na sua casa" (Mateus 13,57).

A segunda questão é tentar ver onde está a profecia hoje. Tivemos e temos no mundo pessoas extraordinárias, que cumpriram e cumprem de forma especial esse carisma profético. Você apontou o nome de vários deles, incluindo a nossa querida Marielle. Tive a graça de conviver com alguns, como dom Hélder Câmara e Pedro Casaldáliga, querido irmão que ainda está entre nós. Temos de sempre reconhecer e valorizar essas figuras maravilhosas. No entanto, temos de compreender que a profecia é cada vez mais uma missão comunitária. Embora possa ser cumprida por pessoas especiais — e graças a Deus sempre as temos —, me parece importante que essa missão seja assumida por grupos e coletivos que trabalham pela libertação, pela justiça, paz e salvaguarda da criação de Deus. Esses grupos, que dom Hélder chamava de "minorias abraâmicas", vivem a teimosia da esperança vigilante e ativa.

Nesta quarentena, quem está conseguindo manter acesa a chama da solidariedade? Em nossas cidades, notícias nos dizem que médicos e médicas, profissionais da saúde e outros trabalhadores de setores públicos se doam para além de suas obrigações. Em todos os lugares, movimentos sociais, grupos da sociedade civil e alguns setores ligados às religiões cumprem a tarefa de mobilizar a sociedade para colocar o bem comum como preocupação e cuidado de todos. Como não ver hoje uma profecia viva nas organizações dos povos indígenas e nas comunidades afrodescendentes que sobreviveram a todo tipo de desumanidade e, há mais de quinhentos anos, nos dão lições de resistência e alegria, sempre buscando o bem-viver e o bem-conviver ecossociais?

Peço ainda permissão para uma última observação sobre este assunto. Como existem pessoas extraordinárias, que são para nós figuras exemplares de profetismo, corremos o risco de sempre ver o profeta ou a profetiza como pessoas de excepcional coragem, capacidade de comunicação e brilho. Quase como se fossem heróis e heroínas. E é preciso distinguir: herói nem todo mundo é, mas profetas todos nós somos chamados a ser. O Espírito "sopra onde quer..." (João 3,8).

Como não ver o Espírito nos movimentos que sacudiram o Chile antes da pandemia pedindo nova Constituição e uma sociedade mais igualitária? Só o Espírito da profecia pode dar força às pessoas que, no mesmo Chile, até hoje, continuam procurando por parentes desaparecidos. Também na Argentina, movimentos como o das Mães e das Avós da Plaza de Mayo só se explicam pelo Espírito que suscita profecias.

Sem cair em comparações indevidas com a cosmovisão cristã, a teologia andina descobriu nas imagens e expressões de culto à Pachamama equivalentes do culto cristão ao Espírito Santo. De fato, Enrique Dussel, o filósofo e teólogo argentino, aponta a Pachamama dos povos do Altiplano como a imagem do Espírito Santo, em sua história da igreja na América Latina.[14] Do mesmo modo, Leonardo Boff afirma: "A categoria central da religião iorubá é o axé. Ele é o equivalente ao *pneuma* grego, ao *spiritus* latino e ao *ruah* bíblico".[15]

Na resistência das comunidades indígenas e grupos afrodescendentes, com suas tradições espirituais, há sinais da profecia do Espírito em nosso meio. Mas eu queria chamar a atenção para as associações de bairro, os grupos de juventude e mesmo o pessoal de periferia que faz hip-hop. O meu professor de teologia, José Comblin, explicava:

A sociedade latino-americana é uma sociedade desintegrada. A maioria dos habitantes das cidades fica alheia a qualquer associação. O desemprego, as condições de vida difíceis e o ambiente hostil das periferias urbanas dificultam muito qualquer projeto comunitário. O êxodo permanente de pessoas, troca de moradias, tudo isso torna difícil a experiência das comunidades. Por isso, conseguir firmar uma comunidade de vida e de convivência é um verdadeiro milagre. Só mesmo uma ação especial de Deus que acompanha o seu povo pode tornar isso possível. É uma experiência quase extática, ainda que vivida no dia a dia e com serenidade. A comunidade é experiência de partilha. Compartilha a palavra, compartilha bens, compartilha o agir social e político, consegue às vezes até levar adiante uma ação pública em conjunto. É uma manifestação forte do Espírito Santo.[16]

Agradeçamos a Deus, meu irmão, por nos colocar a você e a mim a serviço dessas profecias.

Gostaria de finalizar esta carta recordando um trechinho de "Como la cigarra" canção da argentina María Elena Walsh imortalizada pela grande Mercedes Sosa, e aqui no Brasil traduzida e gravada por Renato Teixeira. Na comunidade que acompanho, cantamos sempre ligando-a com a festa da Páscoa:

Tantas vezes me mataram
Tantas vezes eu morri
Mas agora estou aqui
Ressuscitando

Agradeço ao meu destino
E a essa mão com um punhal
Porque me matou tão mal
E eu segui cantando

Cantando ao sol
Como uma cigarra

Meu irmão sobrevivente e resiliente, estamos juntos neste caminho da profecia.

Abraço do irmão Marcelo

HENRIQUE VIEIRA
DOMINGO, 10/05/2020
PARA: MARCELO BARROS

Irmão Marcelo,
Sua carta me deixou pensativo.

Eu acredito que o capitalismo é um sistema necessariamente injusto, portanto um pecado estrutural.

A noção de pecado aparece na tradição bíblica como o elemento de ruptura do ser humano com a vontade divina. Ele marca o distanciamento de uma vida de comunhão entre os seres humanos e destes com Deus. O pastor e teólogo Edson Fernando de Almeida compara o pecado a uma névoa que nos impede de ver uns aos outros e de reconhecer a presença de Deus entre nós.

É bem verdade que essa condição de ruptura e distanciamento é, em geral, retratada na Bíblia e na história do cristianismo como algo essencialmente individual. O foco do pecado, portanto, estaria nas intenções e ações dos indivíduos. A questão é que, sob essa ótica, sistemas econômicos e sociais foram muitas vezes justificados como expressão de uma ordem natural ou da vontade de Deus. As críticas não eram direcionadas aos sistemas em si, mas antes às pessoas e às suas ações dentro desses sistemas.

Contudo, existem diversas passagens bíblicas que apontam para uma noção mais abrangente de pecado, a qual envolve o conjunto da sociedade. No livro do Êxodo, que narra a saída do povo oprimido em direção à liberdade, há um trecho essencial e que serviu de fio condutor para a tradição bíblica:

Deus disse: eu vi, eu vi a miséria do meu povo que está no Egito. Eu ouvi o seu grito por causa dos seus opressores; pois eu conheço as suas angústias. Por isso desci a fim de libertá-lo dos egípcios e para fazê-los subir dessa terra para uma terra boa e vasta, que mana leite e mel. (Êxodo, 3,7-8)

Deus se compadece da situação daquele povo, daquela experiência vivida coletivamente. Deus ouve o grito dos pobres e dos oprimidos e declara seu compromisso com a libertação deles. Trata-se de uma situação estruturalmente opressora que precisava ser denunciada e superada para que aquele povo desfrutasse de sua liberdade.

Existem algumas teorizações que levam em conta a dimensão social do pecado. Nelas, o pecado ainda é visto como algo pessoal, mas, uma vez que os seres humanos interagem entre si, suas ações necessariamente têm implicação no coletivo, e portanto ações individuais podem prejudicar a sociedade. E existe também o conceito de pecado social, aquele que é cometido pela sociedade ou por grupos sociais, ou ainda situações sociais de pecado. Nesse ponto, já se vai um pouco além da dimensão meramente pessoal. De qualquer forma, vige ainda a ideia de que, mudando as pessoas, mudamos a sociedade.

Eu acredito que a transformação do mundo passa, sim, por mudanças no nosso coração, mas quero lembrar que também o nosso coração é influenciado pelas estruturas sociais. Por essa razão, me alinho ao conceito de pecado estrutural: existem estruturas econômicas, políticas, sociais e culturais que são intrinsecamente pecaminosas, pois causam sofrimento, opressão e mal pela própria lógica de seu funcionamento, independentemente das intenções e ações dos indivíduos. O teólogo Jung Mo Sung exemplifica isso com muita nitidez:

> A noção de pecado estrutural indica que, na dinâmica social, as boas ou más intenções não são suficientes para determinar as consequências das ações individuais e sociais. Existe uma estrutura social dominante que limi-

ta e condiciona as possibilidades e as consequências das nossas ações.[17]

Por exemplo, na sociedade escravista pode ter havido senhores menos ou mais violentos. Essa diferença no grau de violência certamente teve repercussões concretas na vida das pessoas escravizadas. Contudo, a despeito disso, a relação entre escravizados e senhores não mudaria (seguiu sendo escravidão) e, em si mesma, permaneceria injusta, opressora e pecaminosa. E isso porque a escravidão era parte constitutiva daquele sistema social. Sem ela, o sistema perderia funcionalidade. Portanto, não bastaria o apelo moral para que houvesse compaixão e benevolência por parte dos agentes da escravidão. Só identificando as causas daquela opressão e seus efeitos mais perversos para além da dimensão individual é que seria possível construir alternativas coletivas e estruturais para dar fim àquele sofrimento.[18]

Quando a teologia da libertação usa o conceito de pecado estrutural para se referir ao capitalismo, existe a noção de que esse modelo tem como lógica uma estrutura geradora de sofrimento e opressão. O capitalismo tem como fundamento o acúmulo desenfreado de capital baseado na apropriação privada da riqueza produzida coletivamente.

Em sua carta, meu querido amigo, e de maneira bem embasada e humana, você já aponta para o grau absurdo da desigualdade econômica e social no mundo ao falar do "deus mercado". Uma elite possui em suas mãos quase toda a riqueza produzida, enquanto parte significativa da humanidade vive na pobreza e na miséria. Para gestão e manutenção deste caos (visto como natural), a violência institucional é utilizada para repressão, massacre e eliminação daqueles considerados descartáveis. Essa é a lógica deste sistema, e seu universo de sentido (seu espírito) é o apego ao dinheiro, à riqueza material, à ostentação. O capitalismo não é apenas um sistema econômico, mas um projeto civilizacional que forma uma cultura individualista, baseada na competição e no consumismo. Os efeitos chegam, evidentemente, ao coração humano.

Infelizmente, essa lógica também se faz presente na esfera religiosa e teológica. O teólogo Edson Fernando aponta para o caráter pecaminoso da chamada "teologia da retribuição", isto é, aquela que afirma que Deus recompensa o bem com o bem e o mal com o mal. Ela reflete a pretensão humana de tentar encaixotar e domesticar Deus. Essa teologia encontrou uma nova roupagem na "teologia da prosperidade", que vincula o avanço no padrão de consumo (enriquecimento dos indivíduos) à obediência a Deus. É nada mais, nada menos do que a sacralização do capitalismo. A pobreza não é vista como fruto de uma estrutura injusta de funcionamento da sociedade, mas como culpa do indivíduo por não estar caminhando com Deus. A professora Iracy Dole aponta com precisão o efeito dessa religiosidade:

> Se o mais alto valor humano é o sucesso, e porque o valor do sucesso é absoluto, não há lugar para o amor, a verdade, a justiça, a ternura, a compaixão. O indivíduo poderá até defender teoricamente esses ideais, mas não encontra força, vitalidade para praticar tais virtudes.[19]

O capitalismo é, sim, uma religião que culta o deus mercado: faz do consumo um ato de adoração, da competição e da perda de compaixão virtudes morais, do acúmulo de bens materiais um dogma, da crítica ao sistema uma heresia, da culpa individual um instrumento de alienação, da eliminação de povos um sacrifício necessário.

Acredito que precisamos de reformas que possam defender a causa dos pobres e de um horizonte revolucionário de ruptura sistêmica. Trata-se de uma exigência ética derivada da espiritualidade e dos ensinamentos de Jesus, pois no capitalismo não há salvação.

Por essas razões é que minha prática pastoral sempre se articulou aos movimentos sociais que lutam por reformas e direitos, na busca por outro modelo de sociedade: o MST (Movimento dos Trabalhadores Rurais Sem Terra), o MTST (Movimento dos Trabalhadores sem

Teto), o MPA (Movimento dos Pequenos Agricultores), o RUA — Juventude Anticapitalista, o Levante Popular da Juventude, a Aliança de Batistas do Brasil (comprometida com a causa dos pobres e do diálogo inter-religioso) e outros que denunciam injustiças, organizam as lutas do povo, reivindicam direitos e reformas, apontam caminhos de ruptura com o capitalismo.

Acredito numa economia que seja voltada para a satisfação das necessidades humanas e não para o lucro, que respeite as demandas e a sacralidade da natureza. Precisamos trabalhar menos e ter mais tempo livre para o cultivo da amizade, da família, dos nossos talentos. Precisamos recuperar a dimensão lúdica da vida. Que se produza o essencial e se distribua tudo! Essas mudanças poderão formar uma nova rede de valores e de relações. E acredito que elas acontecem de fora para dentro e de dentro para fora. O coração humano precisa de amadurecimento, arrependimento e constante conversão ao próximo. Mudando o coração e as estruturas, cultivando jardins de esperança por onde passamos, amando o mundo e as pessoas que estão ao nosso redor, vamos afirmando um caminho mais generoso para a existência humana.

Sim, é preciso dar nome às coisas.

Abraços anticapitalistas, meu amado irmão,
Henrique

MARCELO BARROS
SEGUNDA-FEIRA, 11/05/2020
PARA: HENRIQUE VIEIRA

Henrique, querido irmão e companheiro de caminho,

A nossa sociedade é doente. Você e eu estamos convencidos disso. Outro dia, em algum jornal ou revista, vi uma charge da Mafalda, famosa criação do argentino Quino. Mafalda colocava um curativo no globo terrestre para mostrar que o mundo está doente. Em outra tirinha, ela afirmava que pior do que falta de imunidade é a falta de humanidade.

Em um de seus livros, Zygmunt Bauman usa uma imagem muito interessante: quando engenheiros precisam decidir se um viaduto é suficientemente forte para resistir ao tráfego pesado, o critério utilizado é avaliar como está o eixo de conexão mais frágil da construção: se a viga mais frágil estiver inteira e estável, todo o conjunto pode ser considerado sadio. Assim é, continua Bauman, a sociedade. Para saber se ela é sadia ou sustentável, é preciso olhar seu elo mais frágil. Se a parte mais fraca não estiver resistindo, é sinal de que a sociedade está doente e, toda ela, ameaçada.

Não preciso repetir aqui os dados escandalosos da desigualdade social no mundo. Pior ainda quando pensamos no Brasil, que em 2017 ocupava o sétimo lugar nesse ranking, segundo o último relatório divulgado pelo Pnud (Programa das Nações Unidas para o Desenvolvimento). Nem quero imaginar como estará agora... Historicamente, essa desigualdade tem uma de suas raízes no colonialismo, vem desde os tempos da conquista portuguesa, e no instrumento que esse colonialismo usou para se perpetuar: a escravidão de índios e negros como algo normal, natural e permanente. Hoje, como um médico que examina um doente, percebemos as profundas marcas deixadas por essa estrutura perversa. No Brasil, o racismo estrutural tem uma face cínica que faz com que o negro que consegue ser rico ou de classe média seja visto como branco e o branco das favelas seja visto como negro. A insensibilidade social chega a ser chocante mesmo para quem lida com isso todos os dias e tem o mínimo de senso crítico.

Atualmente, a pandemia revela de forma contundente que, por mais mortal que seja, o coronavírus não chega a ser pior ou matar mais do que o vírus do desamor e da perversidade — este contagia e assassina a alma desta sociedade há muito tempo. O vírus social é inoculado por uma pequena minoria, que o sociólogo Jessé de Souza chama de elite do atraso, mas contamina grande parte da sociedade. Basta ver quantos brasileiros são a favor da pena de morte, da violência policial, da criminalização dos movimentos sociais e apoiam um governo necrófilo que quer vê-los mortos. Sim, porque o sistema social e econômico que antes chamávamos de neoliberalismo tem se transformado em necroliberalismo nestes tempos de pandemia, ou já antes. E, assim, a elite de 1% dos brasileiros[20] continua lucrando mesmo à custa de um verdadeiro genocídio de irmãos e irmãs.

É verdade que o vírus não faz discriminação social e ataca ricos e pobres. Mas, da parte da sociedade, a reação à doença é muito diferente. E as condições de moradia da maioria da população dificultam muito a prevenção. A cidade de Recife tem quase 2 milhões de habitantes, e calcula-se que quase 1,5 milhão vivem em habitações irregulares, a maioria sem saneamento básico e, muitas vezes, sem mínimas condições de saúde e higiene, com uma média de seis pessoas por um pequeno espaço.

Como se proteger de um vírus que pede isolamento e higiene cuidadosa? Como não reconhecer que neste momento, em todo o Brasil, o que ainda está funcionando é o SUS, que nos últimos anos tem sido sucateado e sistematicamente destruído?

Uma das faces mais cruéis dessa sociedade doente é o fato de que a classe média e a elite se protegem na quarentena mas fazem questão de manter seus serviçais a postos. Correm risco de contágio e morte, mas isso tem pouca importância para os patrões. A doença do preconceito social não lhes permite fazer comida, lavar o chão e limpar o banheiro de suas próprias casas. Enquanto escrevo estas linhas, vejo lá embaixo, no pátio de entrada do condomínio, empregadas domésticas cuidando de crianças. Outras, em plena rua, levam os cachorrinhos da patroa para seu passeio diário. Sem falar nos funcionários da portaria e da manutenção do edifício, não por acaso quase todos negros. Da minha janela, observo que nem máscaras essas pessoas usam. É mesmo o que o Eduardo Galeano chamava: a sociedade do desvínculo e do descuido.

Confesso a você, Henrique, que, para mim que sou cristão de tradição católico-romana, o mais trágico é descobrir que a minha Igreja e outras legitimaram a conquista e a colonização que cometeu um dos maiores genocídios da história, apoiou a escravidão dos povos indígenas e dos negros sequestrados da África e até hoje toma a forma de religião civil dos que gritam "Deus acima de todos" para legitimar todo tipo de violências, discriminações e crueldade humana. Desta cultura colonizadora, fazem parte as imagens de Maria mãe de Jesus como princesa branca de olhos azuis e coroa na cabeça e as figuras de santos identificados com soldados a serviço do império opressor.

Não consigo esquecer que, nos meus primeiros dias de monge, no mosteiro de São Bento de Olinda, abri uma porta ao lado do refeitório e me deparei com uma escada de cimento bruto. Curioso, desci e me vi diante de um grande aposento que parecia um galpão, com piso de antigas pedras brutas e mais nada. Percebi nos cantos da sala argolas de ferro. Naquele dia mesmo perguntei a um dos monges que lugar era aquele. Era a antiga senzala do mosteiro, ali dormiam acorrentados os escravizados dos monges. "Eles agradeciam a Deus serem escravos dos monges porque estes os tratavam muito melhor do que os senhores de engenho de cana-de-açúcar", me informou ele...

Achei a desculpa ainda mais desumana do que a história. Como diz o velho ditado: a emenda é pior do que o soneto.

Meu querido irmão, obrigado por estarmos juntos na proteção contra o coronavírus, mas também, e de modo profundo, na luta contra os vírus mortais que enfermam e ameaçam de morte nossa pobre humanidade.

Abraço do irmão Marcelo

HENRIQUE VIEIRA
TERÇA-FEIRA, 12/05/2020
PARA: MARCELO BARROS

Irmão Marcelo,

Avalio, tal como você, que esta pandemia revela caraterísticas doentias da nossa sociedade. Mas, somando-se esforços individuais e coletivos a pesquisas científicas na busca por uma vacina ou medicação eficiente, mais cedo ou mais tarde passaremos por ela. Sei que o mundo não será mais o mesmo, nós não seremos. Meu coração se entristece diante de tantas mortes, famílias marcadas pela perda sem poder nem mesmo se despedir. Quantas pessoas sofrendo agora, enquanto escrevo esta carta! A ferida está aberta, sangra e vai demorar a cicatrizar. Tenho dificuldade de entender quem não está sofrendo, confesso. Não estou falando de desespero ou pânico, mas de tristeza diante de tanta dor.

Contudo, existe outra reflexão necessária: se continuarmos com um modelo de sociedade que coloca o lucro acima da dignidade humana e ataca a Mãe Terra desequilibrando a própria preservação da espécie, seguiremos sendo uma sociedade doente e perversa. Parece que vivemos num mundo que não merece o mundo. Parece que somos uma humanidade que se esqueceu de sua própria beleza.

São inúmeros os avanços dos últimos tempos. Me impressiona a velocidade das inovações tecnológicas nos mais variados campos. Mesmo assim, a fome persiste como um dos maiores problemas da humanidade. E não é porque não haja alimento o bastante, mas por conta desse modelo de sociedade desigual. Combater a fome significa superar a desigualdade, e a superação da desigualdade implica tocar em privilégios. Por isso a fome persiste. Meu irmão, isso não é razoável! Não estou falando de vontade de comer, mas da ausência de alimentação adequada e necessária para a preservação da vida. Estou falando de uma fome que gera subnutrição e morte. Eu me sinto mal por viver num mundo em que vidas estão indo embora por falta de alimento! Na prática, significa que elas não têm cédula de papel suficiente para comprar alimentos, então concluo que este é o mundo em que a cédula de papel vale mais que a vida.

Neste sistema econômico e civilizacional, a desigualdade, a miséria e a fome são sintomas necessários. Trata-se de um necroliberalismo, como você muito bem disse, citando Achille Mbembe. É o capitalismo no seu viés mais feroz e desumano. É a hegemonia de valores como individualismo, competição, rivalidade e meritocracia. É a perda do sentido comunitário e fraterno da vida. Um instrumento para produção e reprodução desse caos social é a violência institucional: encarceramento em massa, letalidade do Estado, genocídio, eliminação de corpos e populações definidos como descartáveis e disfuncionais. Gestão e promoção da morte numa sociedade de mercado: necroliberalismo.

Além disso, existe a criminalização dos movimentos sociais e da luta por direitos, cidadania e outro modelo de sociedade. O Estado democrático de direito, já tão frágil e contraditório, é asfixiado pela demanda crescente de acúmulo de capital. Enfim, o fascismo é amigo do neoliberalismo e ambos são inimigos da humanidade. Fico com as palavras do músico e poeta Renato Russo: "Quem me dera, ao menos uma vez,/ provar que quem tem mais do que precisa ter/ quase sempre se convence de que não tem o bastante/ e fala demais por não ter nada a dizer".[21]

Denúncia certeira contra essa lógica de naturalização da barbárie. Ambição egoísta, sede de poder e riqueza, acúmulo desenfreado de capital formam uma indiferença crônica e patológica. Tal realidade é incompatível com as raízes da espiritualidade, pois esta se caracteriza pela busca de plenitude para toda a humanidade. A espiritualidade genuína sofre com os dramas do mundo. Essa lógica também é frontalmente contrária à ética do Evangelho. Lembra-se das palavras do Evangelho de Mateus? "Não se pode servir a dois senhores, porque ou há de odiar um e amar outro, ou se dedicará a um e desprezará o outro. Não se pode servir a Deus e ao dinheiro" (Mateus 6,24). O Evangelho é simples. Não há meio-termo nestas palavras.

Não é possível um mundo com comida jogada fora e crianças passando fome. O vírus entrou num mundo injusto e escancarou sua irracionalidade. A racionalidade contemporânea capitalista é uma irracionalidade do ponto de vista ético e humano. Será que aprenderemos? Hoje estou triste, meu irmão. Mas uso meu desabafo com você como forma de renovar minha força e minha esperança. E termino com o grande poeta e dramaturgo alemão Bertolt Brecht: "Nada deve parecer natural. Nada deve parecer impossível de mudar".[22]

Fraterno abraço,
Henrique

MARCELO BARROS
QUARTA-FEIRA, 13/05/2020
PARA: HENRIQUE VIEIRA

Henrique, mano querido,

Você me provoca a algo que tempos atrás eu me sentiria incompetente para fazer: discorrer sobre o capitalismo. No entanto, você tem razão ao convocar esse tema.

Primeiro porque é um assunto que influi em nossas vidas e é importante demais para o deixarmos apenas nas mãos de economistas e técnicos. Todos nós somos implicados nas consequências trágicas e cruéis desse sistema e temos, sim, de debatê-lo.

Segundo porque fico contente em ver que você dá nome aos bois. Quando leio documentos da minha igreja que tratam da marginalização dos pobres, geralmente omitem o nome do sistema responsável por esse estado de coisas. Você se lembra de Voldemort, o Inominável, personagem das histórias de Harry Potter?

Pois o capitalismo é assim. É dominador, mas se esconde. Nomeá-lo já é dessacralizá-lo.

Em vez de fazer uma análise mais geral, prefiro partir do concreto e então ir para o universal.

Durante a quarentena, muitas pessoas próximas foram demitidas ou se sentem ameaçadas sabendo que isso pode acontecer a qualquer momento. Só aqui, no Recife, tenho três sobrinhos com família para sustentar e que estão desempregados. Outro dia recebi um telefonema de Fred Morris, pastor metodista que viveu muitos anos no Brasil e atualmente mora em Los Angeles. Ele me disse que só nos Estados Unidos já são quase 40 milhões de desempregados e sem nenhuma proteção social. Conforme estatísticas da Organização Internacional do Trabalho (OIT), calcula-se que existam atualmente no mundo quase 200 milhões de pessoas nessa mesma situação. E, segundo pesquisa publicada em 2017, quase 40% dos 160 milhões de jovens trabalhadores no mundo emergente e em desenvolvimento vivem em pobreza considerada moderada ou extrema. Ou seja, com menos de 3,10 dólares por dia.[23]

Ninguém nasce pobre por destino. É verdade que algumas pessoas nascem com necessidades especiais, físicas ou psíquicas, mas não existem pobres em si. Existem empobrecidos. É uma multidão de pessoas roubadas dos bens da terra e aos quais a escola e os meios de comunicação ensinam que essa situação é natural. Durante séculos o cristianismo e outras religiões ensinaram isso, legitimando como sagrado esse sistema social.

A desigualdade e a negação de direitos humanos para bilhões de pessoas não são frutos do acaso ou acidentes inevitáveis de um mundo complexo. Absolutamente. Os pouco mais de 2 mil bilionários do planeta possuem uma riqueza maior do que aproximadamente 60% da população global, só porque a elite assim organizou as coisas.[24]

E mais. As economias nacionais podem estar mal, mas os governos sempre garantem o dinheiro necessário para os armamentos. Para salvar vidas, para proteger o meio ambiente e para garantir a sustentabilidade do planeta, não há recursos. Nem no Brasil, nem na imensa maioria dos outros países. Afinal, como iriam conseguir um sistema iníquo como esse sem armas? Conforme relatório anual do Instituto Internacional de Pesquisas da Paz de Estocolmo (Sipri), em 2019 foram gastos mais de 1,9 trilhão de dólares em armas (60% dos quais apenas pelos Estados Unidos), ou seja, mais de 5 bilhões de dólares por dia para atacar, matar e mostrar sua força bélica.

Sabe o que sinto como mais desumano? É que, além de oprimir e marginalizar, esse sistema ainda sustenta uma ideologia segundo a qual os pobres são culpados por serem pobres, visto que não souberam dar duro e prosperar na vida. Fruto da concentração de riquezas e de oportunidades nas mãos de menos de 1% da humanidade, como vírus contagiante, a pobreza vai se espalhando. Nestes tempos de pandemia, é terrível pensar que quase um bilhão de pessoas vive em favelas insalubres, inseguras e socialmente violentas.[25]

É evidente que o capitalismo está em crise — e não é por alguma vitória das esquerdas ou porque as pessoas se tornaram mais conscientes. Nem é porque os próprios capitalistas estão sofrendo algum escrúpulo ético. Nada disso. É simplesmente por causa das contradições do próprio sistema. Como é essencialmente contra o trabalho (os ricos vivem de renda e acham que dinheiro produz dinheiro), contra a natureza (transformada em mera mercadoria) e contra o Estado como regulador da ordem social, o capitalismo é autodestruidor. De tempos em tempos, ele mesmo provoca uma crise que revela sua própria falácia.

Com a pandemia, esta crise aparece em toda a sua potência. Que tipo de reorganização econômica essa crise pode gerar? Não sabemos. O que sei é que dificilmente o mundo voltará a ser como era. Será praticamente impossível continuar com as fontes de energia que vêm do petróleo e que provocam tantos danos. Mas isso vai depender muito de todos nós.

Não deixa de ser estranho que a crise do sistema capitalista não tenha nenhuma relação com as religiões e a fé que ele sempre usou como guarda-chuva sob o qual se abrigar. Os banqueiros não estão sofrendo nenhum ataque de consciência ética. Nem os bilionários cristãos ficam incomodados ao ler o que são Paulo escreveu sobre o amor ao dinheiro (em grego *filagyria*): "Porque o amor ao dinheiro é a raiz de toda a espécie de males; e nessa cobiça alguns se desviaram da fé, e se traspassaram a si mesmos com muitas dores" (1 Timóteo 6,10).

Na verdade, se assim fosse, teriam de evitar a Bíblia inteira para não terem dor de cabeça. O Antigo Testamento proíbe empréstimos a juros. Imagine os banqueiros lendo isso. Irmãos de igrejas neopentecostais e pastores que no Congresso Nacional lideram a famosa bancada dos três Bs (boi, bala e Bíblia) podem ser fundamentalistas ao ler versículos tirados do seu contexto sobre questões morais, porém no que diz respeito à ética humana e a regras econômicas eles não querem saber da Bíblia.

As epístolas paulinas do Novo Testamento estigmatizam a ganância, que no grego bíblico se chama *pleonexia*. É uma doença profunda do desejo humano e fonte primeira de toda idolatria. Impede o acesso à verdadeira fé e ameaça a retidão da vida dos fiéis e das comunidades.[26] Segundo esses textos, o verdadeiro idólatra é quem se deixa possuir pela sede de concentrar riquezas. Nesse sentido, a ambição pelo lucro é o contrário da *koinonia*, ou seja, da comunhão. Portanto, a ganância se opõe à vida conduzida pelo Espírito. E repetirei aqui a mesma citação que você fez do Evangelho, Henrique: "Não se pode servir a Deus e ao dinheiro" (Mateus 6,24), Jesus disse. A idolatria não é seguir o candomblé ou outra religião: idolatria é esse sistema iníquo que impede a comunhão igualitária das pessoas.

Desde 2012, em diversos países, muitos homens e mulheres lançaram uma campanha para fazer com que a Assembleia Geral das Nações Unidas aceitasse declarar ilegal a pobreza. Em 2018, quando se comemorava o 70º aniversário da Declaração Universal dos Direitos Humanos, se pediu à ONU que reconhecesse como ilegais as leis, instituições e práticas sociais que produzem e alimentam a pobreza no mundo. A ONU nunca aceitou discutir o assunto, mas um movimento internacional do qual participo organizou-se como Fundação Audácia em Nome da Humanidade e propôs uma ágora dos habitantes da Terra, mulheres e homens, e esse encontro reconhece todo ser humano como cidadão planetário. Temos o projeto de publicar uma Carta da Humanidade, pelos direitos da vida e luta pelo reconhecimento da terra, da água, do ar, da saúde e de outros elementos como *bens comuns* de toda a humanidade. Para isso, já está em formação um Conselho de Segurança para Bens Comuns Públicos.[27]

O desafio dessas iniciativas é que, assim como as árvores começam pela semente e só crescem se firmarem raízes, todo esse processo precisa partir de sementes boas e da comunhão amorosa. Se essa luta pacífica não se enraizar nas bases dos movimentos sociais e dos grupos locais, pode até conseguir uma boa articulação nacional e internacional, mas será como uma árvore frondosa cuja raiz é sem profundidade. No Brasil, há um grupo pequeno que coordena essa rede e tenta articular vários movimentos sociais nessa luta.

Com irmãos como você, sinto-me chamado a entrar na contracultura que possa abalar as estruturas ideológicas do individualismo capitalista e, a partir de baixo, humanizar mais nossas relações. Outro dia, alguém me apresentou uma canção de Gonzaguinha que provavelmente você conhece, mas partilho alguns versos com você e com os irmãos e irmãs que lerem esta troca de mensagens:

Ontem o menino que brincava me falou
Que hoje é semente do amanhã
Para não ter medo, que esse tempo vai passar
Não se desespere, nem pare de sonhar
Nunca se entregue, nasça sempre com as manhãs
Deixe a luz do sol brilhar no céu do seu olhar
Fé na vida, fé no homem, fé no que virá
Nós podemos tudo

Nós podemos mais
Vamos lá fazer o que será[28]

Henrique querido, obrigado por ser testemunha dessa esperança de um amanhã novo. Estamos juntos.

Abraço do irmão Marcelo

MARCELO BARROS
QUINTA-FEIRA, 14/05/2020
PARA: HENRIQUE VIEIRA

Henrique, querido irmão,

A atuação do desgoverno brasileiro em meio à pandemia é algo chocante — ainda que eu não esperasse nada diferente do que prosseguirem em sua sanha de ver fantasmas do comunismo em tudo e usar suas próprias fantasias para justificar a ditadura militar e ter atitudes de tipo neofascistas.

Evidentemente que a pandemia surpreendeu a todo o mundo e ninguém estava preparado para enfrentá-la. Há apenas três ou quatro meses, quem de nós imaginaria passar por isso? No entanto, o mínimo que se pode esperar de uma autoridade responsável é seguir as orientações da Organização Mundial da Saúde. Mas como alguém que é contra o diálogo e que se encerra em um mundo no qual só cabe ele mesmo iria aceitar recomendações de quem quer que seja? Era quase inevitável que o presidente da República se comportasse assim. Aliás, é o que ele tem feito sistematicamente em relação a qualquer assunto que saia dos interesses imediatos seus, de seus filhos e de sua milícia. Diante de um Brasil dividido entre a elite e uma imensa população alheia de si mesma, o presidente continua tratando a doença causada pelo coronavírus como uma "gripezinha" e se posicionando contra o isolamento social. O único isolamento que ele propugna e pratica é o do seu governo em relação ao povo nas suas reais necessidades. Logicamente, mesmo seus adeptos mais ferozes e os fascistas minimamente informados se protegeram, e do alto de seus privilégios reivindicam que o Brasil volte ao "normal" e os pobres corram riscos para garantir que eles próprios permaneçam na quarentena sem tantos prejuízos.

A imagem que me vem à mente é a de Nero, imperador de Roma, tocando cítara e bebendo vinho enquanto assistia ao espetáculo do fogo devorando a cidade que ele próprio havia incendiado. A diferença é que o BolsoNero brasileiro não faz isso para acusar os cristãos de um crime do qual ele mesmo foi o autor: o atual títere dos trópicos visa apenas aos seus interesses eleitoreiros para 2022. Por temer a crise econômica provocada pela paralisação do comércio, quer jogar nos governadores adversários a responsabilidade e ganhar votos em cima dos cadáveres que forem necessários ao seu projeto necrófilo. A consequência será um geno-cídio como nunca houve na nossa história.

Graças a Deus, muitos organismos da sociedade civil, grupos de igrejas cristãs unidos a setores religiosos de outras tradições, movimentos sociais e mesmo alguns meios de comunicação de massa têm procurado se organizar em prol da solidariedade. Dão apoio aos profissionais de saúde e seus auxiliares que se arriscam para salvar vidas, e sustentam projetos que acompanham e ajudam os setores mais vulneráveis da população.

Há problemas que são específicos do Brasil, mas a vitória sobre uma pandemia que atinge a todos os continentes tem de ser internacional. No dia 1º de maio, a rede Ágora dos/das Habitantes da Terra publicou um manifesto que propõe ações em favor da ciência e da tecnologia a serviço da vida de todas e todos os habitantes do planeta. Para isso, lançou uma campanha global clamando uma patente pública comum a todos e gratuita para a vacina contra a covid-19.

Henrique, querido, talvez de toda a nossa troca de mensagens, esta tenha sido a mais óbvia e sem novidades. Mas não há como concluir esse assunto sem recordar que o problema principal não é uma pessoa, mesmo que seja um louco desequilibrado que faz o papel ridículo de um pequeno Nero dos trópicos. O mais sério é a massa dos seus seguidores e essa equipe ministerial que serve aos interesses espúrios da elite, mesmo a um preço de tantas vidas humanas. Só nos resta nos organizarmos e nos convencermos, como cristãos, do que Jesus advertiu sobre a concepção de poder político neste mundo. Conforme o Evangelho de Lucas, na última ceia com seus discípulos e discípulas, estando para lhes dar o maior sinal de amor e de entrega de si mesmo, Jesus diz aos seus: "Os reis dos gentios dominam sobre eles, e os que têm autoridade sobre eles são chamados benfeitores. Mas não sereis vós assim; antes o maior entre vós seja como o menor; e quem governa como quem serve" (Lucas 22,25-26).

Permaneçamos juntos como amigos e discípulos daquele que hoje ainda nos assegura: "Eu estou no meio de vós como aquele que serve" (Lucas 22,27).

Para você, toda a minha estima.

Abraço do irmão Marcelo

HENRIQUE VIEIRA
SEXTA-FEIRA, 15/05/2020
PARA: MARCELO BARROS

Irmão,

Estamos diante de um governo diabólico. Ele assim o é em sua essência, funcionamento e propósito. Trata-se de um neofascismo com dispositivos de eliminação da diferença — adversários políticos tidos como inimigos dignos de morte, grupos humanos descartáveis, apreço declarado por regimes ditatoriais, aversão à democracia, exaltação deliberada da tortura e de torturadores, relação intrínseca com milícias armadas. Enfim, não é algo exótico ou mero devaneio, mas um projeto de governo autoritário e genocida.

É triste pensar que parte significativa da sociedade brasileira tem afirmado essa lógica bélica e desgostosa de vida. Acredito que tenha a ver com o desespero, fruto da desesperança. Uma sociedade que não consegue mais olhar para a frente, debater o futuro, que perde a confiança na bondade humana e é atravessada pelo medo constante acaba se rendendo ao desespero, à lógica do cada um por si e todos por ninguém. O medo rouba a esperança, impede a reflexão e o diálogo, nos torna meramente reativos.

A desesperança está na raiz da ascensão do autoritarismo no mundo. Diante do caos social, da perda de vínculos de afeto e sociabilidade e do aprofundamento da desigualdade, o fascismo cresce como promessa ilusória de ordem e estabilidade. Cabe dizer que as elites econômicas também jogam com mecanismos autoritários para manutenção de seus privilégios. Neoliberalismo e fascismo são amigos e, ambos, inimigos da humanidade — não me canso de repetir.

A pandemia escancarou a irracionalidade e a perversidade deste governo. Primeiro, a ciência precisa estar a serviço das comunidades humanas e não apenas de alguns grupos. Como você disse muito bem, o dinheiro escraviza até mesmo a saúde: é impressionante como um direito fundamental se torna mercadoria e, de maneira literal, o lucro fica acima da vida. E o fato é que este governo nega a ciência, tira qualquer crédito do saber científico, e assim subestima os efeitos da covid-19.

Contudo, não se trata apenas de negligência, mas de algo ainda mais perverso: eugenia. Sim, quando o governo estimula o fim do isolamento social sem respaldo científico para isso, com o número de mortes crescendo a cada dia e com o sistema de saúde dos estados e municípios quase entrando em colapso, ele está deliberadamente autorizando e estimulando mortes. E, quando essa percepção vem atravessada de frases como "É só uma gripezinha" ou "Quem tem histórico de atleta não vai ter nada", está-se admitindo que determinados grupos mais vulneráveis (idosos, pessoas com diabetes, cardiopatias, problemas respiratórios e outras comorbidades) podem morrer. É assustador.

O presidente joga com a vida dos brasileiros ao criar uma falsa polarização entre saúde e economia, e assim o Brasil não cumpre o isolamento social de forma adequada (fica um meio-termo estranho e não tão eficiente) e o número de mortes continua a crescer. Não há política de testagem em massa para dar parâmetros mais objetivos para as políticas públicas, não conseguimos planejar o fim transitório do isolamento com segurança, vivendo assim o pior cenário possível.

Fica evidente ainda a fratura grave da desigualdade e do racismo no Brasil. Essa é uma doença trazida de fora, com um recorte de contágio inicial na classe alta e na classe média que depois se espalhou pelo conjunto da população, chegando aos mais pobres. O resultado é que, num país onde a pobreza tem vinculação com a dimensão racial, por conta de séculos de escravidão e da ausência de políticas sérias e estruturais de reparação, o número de pobres e negros morrendo é maior tanto em termos absolutos quanto em termos proporcionais. Vírus e desigualdade constituem uma combinação mortal.

Enfim, há tanto a se fazer para servir ao povo, amenizar o sofrimento, construir caminhos de superação da crise, estimular valores de solidariedade! Mas o que vemos é o inverso disso. Estamos sendo governados pelo esgoto da política, pelo que há de pior.

Mas a partir desse diagnóstico precisamos criar redes de resistência e de esperança. Tempos difíceis, mas como diz nosso amigo Frei Betto: "Vamos guardar o pessimismo para dias melhores".[29]

Um fraterno abraço de resistência,
Henrique

MARCELO BARROS
SÁBADO, 16/05/2020
PARA: HENRIQUE VIEIRA

Henrique, irmão e companheiro querido,

Você me diz que a democracia brasileira está em risco. Mas eu lhe pergunto: Que democracia? Todos sabem que o atual presidente se elegeu rejeitando o debate, fabricando notícias falsas, se aproveitando da ignorância de muitos e fazendo promessas que vão ao encontro dos interesses da elite econômica. Como podemos falar de verdadeira democracia em um país no qual seis brasileiros detêm juntos uma renda equivalente à de metade da população?[30] Não pode haver democracia social e política se a economia está a serviço de uma ínfima minoria.

Normalmente, quando as pessoas falam que a nossa democracia está em risco, estão se referindo ao medo de voltarmos à ditadura militar. Isso acontecerá se o atual presidente, contando com o apoio dos militares, der um golpe, fechar o Congresso e se impuser ao Judiciário. Já temos muitos sinais de que ele gostaria de fazer isso e, das mais variadas formas, ele tem mostrado vocação para ditador. Por outro lado, como ele é incompetente e intelectualmente limitado, não me parece que isso vá acontecer. A alternativa seria os militares encostá-lo. Nesse caso, assumiria o vice-presidente, que é general e é um homem inteligente, mas põe sua inteligência a serviço do império que domina o mundo e tem posições ideológicas dogmáticas. Sob certo ponto de vista, é uma solução ainda pior.

Diante deste quadro, não me entusiasmo com campanhas pelo impedimento do presidente. É todo o corpo que está com câncer, não apenas a cabeça. Apoio a Plataforma de Movimentos Sociais pela Reforma Política. Eles pedem que o Supremo Tribunal Federal julgue os seis pedidos de processo de anulação da chapa vencedora das eleições de 2018, que estão protocolados desde outubro daquele ano mas que o STF ainda não pôde julgar, por acaso, por falta de tempo ou pelo fato de não serem consideradas prioritárias. Mas nada disso adiantará se um número grande de brasileiros continuar fascinado por projetos neofascistas e votar como as baratas que, para fugir do seu perseguidor, se escondem debaixo da bota que as vai esmagar.

A conclusão é que temos de reinventar a Política, com P maiúsculo, como propunha em seu tempo (em

1979 e começo de 1980) dom Oscar Romero, arcebispo católico, mártir de El Salvador. Trata-se da política como bem-comum e serviço ao povo. E aí estou
convencido, Henrique, de que a atividade política é
das mais profundas e belas expressões da espiritualidade, seja cristã, seja de qualquer outro caminho espiritual. Não estou me referindo à política como luta pelo
poder, e sim às políticas de base. Não existe Política
no sentido genérico, e sim atos políticos. Ela se traduz
em lutas sociais nos bairros, em manifestações pelos
direitos humanos e, em regimes como o nosso, querendo ou não, na política partidária.

Muitos dos que clamam pela dignidade na política têm dificuldade de se inserir na política partidária,
que consideram ambígua, pois estaria assentada em
compromissos e acordos nem sempre éticos. Esse é
o primeiro desafio de quem atua como militante
social: testemunhar que essa política expressa em
atos concretos pode ser sacramento de fraternidade,
de inclusão social e da encarnação do Espírito no
mundo. No entanto, é claro que o critério é a inserção amorosa. Dom Oscar Romero advertia: "É fácil
ser portador da Palavra e não incomodar a ninguém.
Basta ficar no espiritual e não se engajar na história.
Dizer palavras que podem ser ditas, não importa
onde e quando, porque não são propriamente de
parte alguma".[31]

Nas duas últimas décadas do século XX, eu tive a graça divina de participar de perto de inúmeros trabalhos, atividades e momentos difíceis do ministério pastoral de dom Pedro Casaldáliga, que, apesar da fragilidade física imposta pela idade e pela enfermidade, continua sendo para nós a figura do homem de Deus, cuja vida foi constantemente ameaçada mas que sempre permaneceu coerente na força de sua profecia. Nos anos 1980, muitas vezes acusado de comunista, ele meio ironicamente escreveu este poema, com o qual quero encerrar esta carta:

Me chamarão subversivo
E eu lhes direi: O sou.
Por meu povo em luta, vivo
Com meu povo em marcha, vou.
[...]
Incito à subversão
Contra o Poder e o Dinheiro.
Quero subverter a lei
Que perverte o Povo em grei
e o Governo em carniceiro.[32]

Na alegria de estarmos juntos neste mesmo caminho, grande abraço do irmão Marcelo

HENRIQUE VIEIRA
SÁBADO, 16/05/2020
PARA: MARCELO BARROS

Ah, meu irmão, quão preciosas são suas palavras sobre a democracia! Concordo com minha mente e digo sim com meu coração.

A nossa democracia é estruturalmente frágil, embora seja um avanço histórico. Sem justiça social, a democracia não se realiza plenamente. Somente por meio da prática política poderemos criar caminhos de resistência e afirmação de valores democráticos. A negação da política é uma atitude política de quem usa a política para benefício próprio. A negação da política serve aos anseios autoritários e personalistas de determinados setores. Precisamos apostar na política como espaço de debate, de conversa, de disputa de concepções, de interesse por aquilo que é público e comum. Da mesma forma que você acredita na política como manifestação de espiritualidade, também considero a importância da política institucional e partidária como meio para lutar pela democracia. É evidente que, se o poder coletivo for substituído pela ganância pessoal e pelo personalismo, todo sentido se perde e a prática se corrompe.

A própria igreja, queira ou não, tenha consciência ou não, é um corpo político. Então cabe a ela incidir em favor dos valores do Reino de Deus, isto é, sempre em favor da justiça, dos pobres, do bem comum e da vida plena compartilhada.

A democracia não é apenas um conceito, mas uma experiência a ser defendida e constantemente aperfeiçoada para o bem. Estamos respirando no Brasil um ar estranho de autoritarismo, então é hora de dar as mãos e criar frentes amplas de defesa da democracia. O fascismo cresce e o silêncio é uma forma de cumplicidade e covardia. Temos exemplos de pessoas que vivem em constante doação, precisamos deixar que essas histórias renovem nosso coração. Por isso lhe agradeço por ter nos brindado com um pouco da história e da poesia de dom Pedro Casaldáliga. Homem de Deus, poeta e profeta!

Encerro com alguns versos da canção "Apesar de você", de Chico Buarque, verdadeiro hino contra a ditadura militar. Precisamos política e espiritualmente afirmar valores democráticos profundos e radicais. Sejamos aqueles e aquelas que fazem do amanhã um novo dia.

Apesar de você
Amanhã há de ser
Outro dia
[...]
Inda pago pra ver
O jardim florescer
Qual você não queria
Você vai se amargar
Vendo o dia raiar
Sem lhe pedir licença
E eu vou morrer de rir
Que esse dia há de vir
Antes do que você pensa

Abraços insistentes no futuro,
Henrique

MARCELO BARROS
DOMINGO, 17/05/2020
PARA: HENRIQUE VIEIRA

Henrique, querido irmão,

Uma vez, em uma canoa indígena, atravessando de barco o Araguaia, fiz uma pergunta ao índio Karajá que me conduzia: "Para você, o que é a espiritualidade?". Ele ficou um longo tempo em silêncio e depois, como se falasse consigo mesmo, respondeu: "Para mim é mais difícil responder a isso do que se você me perguntasse sobre minha vida sexual".

Naquele momento, achei apenas que aquele tinha sido seu modo de dizer que sua religião era de caráter misterioso e secreto. Só quando se está sendo iniciado é que se pode realmente conhecer o caminho escolhido. Depois, passei a pensar que toda espiritualidade, em qualquer que seja a tradição, tem esse caráter de intimidade.

Quando eu era jovem, quase não se usava este termo. De fato, espiritualidade não é um termo bíblico.

Na tradição cristã, dizem que remonta ao século IV e foi empregado pela primeira vez por um místico oriental chamado Gregório de Nissa, bispo em região que hoje é a Turquia. Com essa palavra ele queria expressar a vida movida ou conduzida pelo Espírito, como diz Paulo na Carta aos Romanos.

Se nesses anos todos aprendi alguma coisa, foi que uma pessoa pode ser muito religiosa e não ter espiritualidade.

Quando criança, eu morava em Camaragibe, município do grande Recife, naquela época apenas uma vila operária onde meu pai era eletricista de uma fábrica de tecidos. Ele trabalhava a semana inteira e aos sábados pela manhã ia fazer a feira. Minha mãe ficava em casa cuidando dos filhos ainda pequenos. Como ele não tinha muita experiência nas compras, ela advertia: "Quando comprar laranja, meta a unha na casca. Se a casca for grossa, não compre porque não está madura e não tem sumo. Só é boa a laranja de casca fina". Sempre me lembro disso quando encontro padres e pastores que se preocupam muito com a roupa clerical, com a postura sacral e a linguagem catequética. Geralmente não há nenhum conteúdo por trás dessa casca grossa.

Desde jovem, percebi que, quanto mais eu fosse eu, mais poderia ser de Deus; e que, ao contrário, quanto mais eu me comportasse como um robô, menos viveria interiormente o mistério do amor divino. Ao longo de todos esses anos, quantas vezes me descobri falhando e sendo incoerente com aquilo que me propunha. Eu deveria ter uns dezenove ou vinte anos quando vi *Teorema*, do genial Pier Paolo Pasolini. O filme começa com a tela inteira tomada por uma frase bíblica: "Deus não levou o povo do Egito para a Terra Prometida por um caminho reto. Fez o povo dar voltas durante quarenta anos até encontrar o caminho" (Êxodo 13,17-18). Quantas vezes eu tinha lido o livro do Êxodo, e nunca tinha percebido essa frase. Ufa, então eu ainda tenho algum tempinho para dar minhas voltas e, ainda assim, Deus continuará me conduzindo.

Atualmente, aprendo com a teologia mais aberta que a espiritualidade é a energia interior de amor e comunhão que existe em todos nós e que também pode ser vivida socialmente. As religiões e tradições espirituais reconhecem que essa energia é um dom divino e diviniza o ser humano.

Passei a maior parte da vida em comunidades de monges que creem que podemos desenvolver a espiritualidade por meio de exercícios de centração interior, silêncio e relação com o divino que há dentro e fora de nós. Esses caminhos são válidos e úteis, principalmente em uma sociedade superficial como a nossa. Entretanto, fui mais tocado pela revelação bíblica e creio que esta nos ensina que o melhor caminho para o cultivo da espiritualidade é a solidariedade. Só na face do outro podemos reconhecer a presença divina. No ato concreto do amor solidário e transformador nos convertemos e nos divinizamos. Se Deus é amor, ou seja, solidariedade, o caminho para Ele também tem de ser esse. Essa solidariedade não pode ser apenas assistencial. Por isso, desde jovem, tenho procurado viver inserido nos trabalhos sociais e na caminhada da libertação do povo.

Durante muito tempo vivi certa angústia porque sentia que deveria orar mais do que o fazia. Porém, há alguns anos fui me dando conta de que o Deus da Bíblia nada tem de narcisista. No Primeiro Testamento, Ele deixa muito claro que nunca pediu templos e nem quer cultos ou sacrifícios. O que pede é misericórdia, isto é, um coração compassivo com os outros.

Isso me traz uma fala, outra vez, de Riobaldo, de *Grande sertão: veredas*:

Como não ter Deus?! Com Deus existindo, tudo dá esperança: sempre um milagre é possível, o mundo se resolve. Mas, se não tem Deus, há-de a gente perdidos no vai-vem, e a vida é burra. É o aberto perigo das grandes e pequenas horas, não se podendo facilitar — é todos contra os acasos. Tendo Deus, é menos grave se descuidar um pouquinho, pois, no fim dá certo.[33]

Coloco-me em comunhão com esse "sentir" do povo mais simples, mas vejo Deus se manifestando em nossa realidade cotidiana também. Alguém me passou esta citação como sendo do meu querido amigo e mestre Rubem Alves (não encontrei a citação exata, mas como dizia o Odorico Paraguassu, do *Bem Amado*, "se não disse, podia ter dito"):

Não devemos pensar Deus como acima dos humanos, como espírito oposto à matéria, como transcendente ao universo e como pai e criador de todos. Deus é dom e desafio. Dom em toda experiência que nos fortalece e capacita. Está no regaço confortante da terra. Manifesta-se no assobio do vento, no canto dos pássaros. A divindade se anuncia no "dois em um" do amor sexual, na amizade, na comunhão e na revelação sensorial do sentido que são as obras de arte.

Essa pandemia me obrigou a aprofundar o lugar de Deus em minha vida e em como o vejo presente na realidade do mundo. Pessoalmente, me sinto um cristão consciente e crítico em relação à sensibilidade religiosa dos que estão em torno de mim. Sempre lembro do salmo: "O céu é céu do Senhor, mas a terra, ele a entregou aos filhos dos homens" (Salmos 115,16).

Não creio em um deus tapa-buraco para solucionar os problemas que nós não conseguimos resolver. Nem acredito em oração como forma de pressionar Deus para ele fazer o que "esqueceu" de fazer: proteger a gente. Não é essa a minha fé, mas... não sei se isso ocorre com você, mas no momento do medo e da aflição, de repente me vejo como o velho crente irracional que busca refúgio no grito desesperado. Como os discípulos na barca afundando em meio à tempestade do lago: "Senhor, salva-nos que estamos afundando!" (Mateus 8,25).

É preciso respirar e retomar o autocontrole para dizer a mim mesmo que a expressão de fé não deve ser a oração meio mágica. Em vez disso, devo me munir do amor compassivo, encontrar formas de não permitir que o isolamento interrompa relações de amizade, tecer redes de resistência e conspirar por outras formas de organizar o mundo.

Em que creio? Por crer em Deus como amor universal e fonte de todo amor, creio e aposto na unidade das igrejas cristãs, no diálogo e na colaboração entre as religiões. Creio no valor imenso das culturas e tradições espirituais indígenas e negras, nos movimentos sociais e no processo bolivariano. Busco aprofundar o novo paradigma ecológico como idioma através do qual expressarei minha fé.

Já em 1933, na Alemanha que caminhava para o nazismo, o pastor Dietrich Bonhoeffer propôs um concílio universal de todas as igrejas cristãs sob o tema

"Paz, justiça e salvaguarda da criação: natureza". Em 1987, o Conselho Mundial de Igrejas retomou essa proposta e tentou fazer um processo conciliar que possibilitasse um diálogo permanente das igrejas sobre esses temas. A Igreja católica não entrou, o processo ainda teve algumas etapas, mas depois se esgotou. De fato, na II Conferência Geral do Episcopado Latino--Americano, em Medellín, os bispos propunham: "Que se apresente cada vez mais nítido na América Latina o rosto de uma Igreja autenticamente pobre, missionária e pascal, desligada de todo poder temporal e corajosamente comprometida com a libertação de cada ser humano e de toda a humanidade".[34]

Hoje, quando vejo grupos católicos e evangélicos apoiando um governo neofascista, percebo que tem alguma coisa errada. Onde nossas igrejas se perderam? Será que não podemos esperar que ao menos as igrejas caminhem na direção que Jesus veio nos apontar? Será que estou querendo demais? Se estou, foi a própria Bíblia que me educou a isso quando prometeu "um céu novo e uma terra nova". A última palavra de Deus no Apocalipse foi: "Eis que faço novas todas as coisas" (Apocalipse 21,5). É só isso que quero.

Nós, cristãos das mais diversas igrejas, temos aprendido nas décadas mais recentes que a criação e a redenção/libertação não são dois momentos ou duas dimensões separadas da ação divina, mas um só movimento de amor. É essa convicção que nos faz, mesmo sendo muito críticos, apostar no processo social e político de transformação do mundo.

Cremos que, sempre e onde existir uma ação gerada pelo amor, isso será inspiração do Espírito. Esse parto da nova criação em nós, no nosso interior e na realidade do mundo, não é algo separado ou independente da evolução que cientistas como Humberto Maturana e Francisco Varela chamaram de *autopoiesis*. Trata-se de um princípio de auto-organização. A vida se reproduz como um processo de comunicação entre as células — processo, portanto, cognitivo inerente a todo ser vivo, tanto internamente no mesmo organismo, como em um vínculo ou uma rede que une os seres. É a tal questão da interdependência das células umas das outras e dos organismos uns dos outros. É impressionante descobrir que todo o universo é construído dessa rede de relações de pertença mútua e de interação.[35] Esse processo, que é cognitivo, não é separado do processo de amorização e é próprio do Espírito de Deus, que atua como uma espécie de energia, de princípio de unidade ascendente. Um dos maiores teólogos evangélicos do século XX, o alemão Wolfhart Pannenberg, chamava isso de "autotranscendência da vida". Teilhard de Chardin, o padre e filósofo francês, denominava de "energia radial".[36] Isso fez um novo teólogo italiano afirmar: "A obra do Espírito é fazer com que toda novidade que emerge no mundo coincida com a autogênese, essa criação permanente e de certa forma autônoma, mas solidária, de cada criatura".[37]

Acredito nisso, Henrique. Acredito e procuro sempre ver as manifestações do Espírito em tudo o que é humano: o carinho de um pai, como você com sua filhinha; a energia do amor irradiando de um casal jovem ou velho que se senta à minha frente em um ônibus ou avião; quando participo de uma marcha ou manifestação do MST; quando encontro nossos irmãos indígenas em algum fórum social ou nas assembleias que fazem anualmente em Brasília. Para mim, nisso tudo é o Espírito de Deus que se manifesta e nos leva a, como diz um velho amigo, o poeta-profeta Pedro Tierra, "organizar a esperança,/ conduzir a tempestade,/ romper os muros da noite,/ criar sem pedir licença/ um mundo de liberdade".[38]

Querido irmão, abraço-o neste caminho de esperança.
Seu irmão Marcelo

HENRIQUE VIEIRA
SEGUNDA-FEIRA, 18/05/2020
PARA: MARCELO BARROS

Quando eu era criança, lembro de ver minha avó Rutinha todos os dias de manhã se ajoelhando ao lado de sua cama e orando por cada um de seus filhos e netos. Sua oração era uma conversa cheia de intimidade, cumplicidade e afeto, parecia um bate-papo. Essa imagem está cravada no meu ser e me revelou a possibilidade de abertura para Deus como expressão de carinho com o próximo. Lembro-me também de uma canção que minha mãe, Glaucia, cantava para mim na hora de dormir. A canção era simples e dizia: "Três palavrinhas só/ eu aprendi de cor/ 'Deus é amor'". Deus era "Papai do Céu" ou "Mamãe de Amor", ou ainda "Meu melhor amigo", fonte de acolhimento e amor.

Essas são imagens simples, mas que têm grande valor na minha vida. Duas mulheres humildes, com vocação materna, educadoras e amorosas, com postura de serviço ao próximo. Duas mulheres que são as minhas principais referências de cuidado, carinho e colo. Por meio delas eu vi Deus não como um mistério inacessível, mas como amor revelado e relacional. Espiritualidade nasce daquilo que nos faz nos sentirmos alvo de amor e com o propósito de amar.

Creio que a espiritualidade é tão antiga quanto a humanidade. Reflete o susto que o ser humano tem diante da grandeza e da fragilidade da vida. É quando somos tomados pela consciência a respeito de todas as nossas possibilidades, mas também dos nossos limites. Ficamos assustados e encantados, atraídos pela vida e mergulhados numa busca por plenitude, harmonia, sentido último e absoluto para a experiência humana. Como a vida pode ser tão fascinante e passageira?

Espiritualidade, tal como a arte, é uma poesia que se faz na alma diante da angústia da existência. Não se trata de uma angústia no sentido autodestrutivo, mas daquela que busca a transcendência, que nos coloca em movimento de permanente abertura. Então, espiritualidade é abertura ao mistério da vida. Abertura ao Sagrado que em tudo habita. É uma pulsão que nos sensibiliza diante da magnitude do universo, da natureza e do ser humano.

É também uma busca permanente por plenitude e reinvenção. Lembro-me daquela canção católica popular chamada "Se calarem a voz dos profetas". Tem um trecho que diz: "O Espírito é vento incessante, que nada há de prender./ Ele sopra até no absurdo que a gente não quer ver./ Muito tempo não dura a verdade, nessas margens estreitas demais./ Deus criou o infinito para a vida ser sempre mais."

Portanto, a espiritualidade é também busca pelo próximo, gera empatia e comunhão, e tem como resultado a solidariedade. Não se fecha em dogmas ou doutrinas, mas namora as perguntas, acolhe o desamparo, aposta na bondade e abre novos horizontes. Ela conserva a essência do amor, mas rompe com todas as normas que o impedem de se expressar. "O Espírito é vento incessante, que nada há de prender", ou seja, Deus não é monopólio de uma tradição religiosa. As margens precisam ser alargadas para que as pessoas sejam mais plenas. No Evangelho de João há uma linda passagem: "O vento sopra onde quer, não sabemos de onde vem nem para onde vai, assim é todo aquele nascido do Espírito" (João 3,8).

Gosto dessa ideia do vento que posso sentir mas não tenho como conter ou como definir sua origem e rumos. A espiritualidade não é arrogante, não é bélica, não persegue as diferenças nem suprime a diversidade. É saber se deixar atravessar pelo mistério de Deus. Não é tomar Deus para si, mas ser tomado por Deus. Não é só falar de Deus, mas falar de dentro de Deus a partir de uma experiência de amor. Não é se fechar na culpa, no medo e em verdades preestabelecidas, mas se abrir ao diálogo e à comunhão. Como diz o poeta espanhol Antonio Machado, "Tua verdade, não. A verdade./ E vem comigo buscá-la./ A tua, guarde-a contigo".[39]

Espiritualidade é uma afirmação da nossa singularidade. Quanto mais somos nós mesmos, mais somos de Deus. No Evangelho segundo Mateus tem uma citação de Jesus que expressa isso: "Mas tu, quando entrares no teu quarto, fecha tua porta, ora a teu Pai, que está em secreto, e em secreto teu Pai te recompensará" (Mateus 6,6). A palavra "quarto", na verdade, nem é a melhor tradução. O termo no grego (língua na qual o texto foi escrito) é *tameion*, que era um depósito subterrâneo onde se guardavam as bagunças ou os tesouros de uma casa. Era um lugar de acesso limitado, só aos íntimos. Então, orar no *tameion* simboliza orar num lugar sem pressão moral, expectativas alheias e julgamentos. É um lugar de liberdade para se ser quem se é, sem filtro ou mediação. É nesse lugar das verdades mais profundas que Deus nos aguarda com amor. No reconhecimento da nossa radical humanidade está o acolhimento da mais profunda divindade.

A partir dessa liberdade interior, a espiritualidade se prova e se comprova no gesto concreto da solidariedade. É amando que se experimenta Deus. O fruto da espiritualidade é a compaixão, a misericórdia, o senso de pertencimento à sacralidade da humanidade e da natureza como um todo. A espiritualidade exige cuidado com tudo o que existe. Exigência não como dever ou obrigação, mas fruto da ética do amor.

Irmão, neste momento de tamanha fragilidade universal, creio que precisamos de uma revolução de valores espirituais para corrigir os caminhos de nossa sociedade. Não me refiro à expansão de uma ou outra religião, mas a um caminho de abertura e acolhimento em vez de julgamento, de perdão em vez de vingança, de compaixão em vez de indiferença, de partilha em vez de acúmulo. A humanidade carece de humanidade — eu me faço entender? A espiritualidade pode nos deixar mais humanos.

Aprendo com você, meu irmão. Vejo Deus em suas cartas.

Fraterno abraço,
Henrique

MARCELO BARROS
SEGUNDA-FEIRA, 18/05/2020
PARA: HENRIQUE VIEIRA

Henrique, querido irmão,

Onde está Deus? Esta é das questões mais centrais da fé, posta desde os tempos mais antigos e que até hoje nos interpela. Ela está em relatos da Bíblia, como no livro dos Juízes, quando o Anjo do Senhor aparece a Gideão e lhe diz: "Deus te salve, valente guerreiro". O rapaz reage respondendo:

> Ai, Senhor meu, se o Senhor é conosco, por que tudo isto nos sobreveio? E que é feito de todas as suas maravilhas que nossos pais nos contaram, dizendo: "Não nos fez o Senhor subir do Egito? Porém agora o Senhor nos desamparou, e nos deu nas mãos dos midianitas". (Juízes 6,13)

Essa pergunta é a questão fundamental do livro de Jó e aparece na exclamação de Jesus na cruz, segundo os Evangelhos de Marcos e de Mateus: "Meu Deus, meu Deus, por que me abandonaste?" (Salmos 22,2).

Na filosofia clássica, já antes de Cristo, conhecia-se o famoso paradoxo de Epicuro, que pode ser resumido assim: se Deus é bom e onipotente, por que permite que aconteça o mal no mundo? Se ele pode agir para impedir o mal e não o faz, ele não é suficientemente bom. E se ele não pode impedir o mal, então não é onipotente, ou seja, não é Deus.

No século IV, Santo Agostinho se ocupou em responder a esse argumento, e toda a teologia clássica criou a distinção entre causa primeira (Deus) e causas segundas (ou imediatas), que são as históricas. Assim, o Salmo 115 explica o projeto divino: "O céu é de Deus, mas a terra, ele entregou aos humanos" (Salmos 115, 16).

O problema é que toda nossa educação e sensibilidade vão em outra direção. Em outra carta, já contei que moro com minha irmã Penha. Há alguns anos ela teve uma doença muito grave: endocardite. O médico me disse que a possibilidade de óbito era de quase 90%. Evidentemente fiquei apavorado. Uma tarde, fui visitá-la na UTI. Ao seu lado, eu, impotente, tinha que parecer forte. De repente me descobri orando: "Meu Deus, faze um milagre. Salva minha irmã".

Então olhei ao redor e vi que ela era uma entre dezoito ou vinte outros pacientes que ocupavam os leitos da UTI, um ao lado do outro, separados apenas por uma cortina, muitos visivelmente em pior situação que a dela. Foi quando me dei conta de algo: por que Deus deveria me dar essa mão? Eu não estaria reivindicando uma espécie de pistolão? As outras pessoas não eram suas filhas e ele também não as amava? Pedi para todas elas a bênção e a presença salvadora do Espírito e me retirei, confiante. Alguns dias depois, minha irmã saiu da situação de risco. Creio que a energia espiritual do amor atuou, mas não por causa da interferência direta de alguma força sobrenatural.

Neste contexto crítico que vivemos, tenho sempre a impressão de que Deus está sendo réu de um julgamento pesado. Em torno de mim, pessoas oram para que Ele apresse o fim da pandemia, como se Ele tivesse alguma coisa a ver com isso. Pobre de Deus! A sociedade humana destrói a natureza, polui as águas e o ar, coloca-se em contato com um vírus que nunca deveria ter saído dos morcegos e cavernas da China e depois se põe de joelhos e pede a Deus que nos salve. Pois é, tomara que nesta pandemia possamos escutar a voz de Deus. que está em nós e em torno de nós, sofrendo e gemendo com a dor dos que sofrem e inspirando a força de cuidar das pessoas que estão doando suas vidas nos hospitais, nas ruas ou mesmo de dentro de suas casas.

Penso que Ele deve estar magoado com os cristãos que inventam cultos e orações para aplacar a sua cólera e convencê-lo a perdoar a humanidade por seus pecados. Você deve lembrar que, neste último Carnaval, no desfile da Mangueira, enquanto você era uma das representações de Jesus em um carro alegórico, eu participava do grupo de religiosos e religiosas de várias tradições espirituais que estavam lá para dar um testemunho de unidade e de comunhão entre diferentes tradições de fé. Imagine que, quando começou a pandemia, recebi mensagem de uma senhora católica profetizando que o vírus era a resposta de Deus ao pecado que eu, você e outros religiosos tínhamos cometido...

De vez em quando me perguntam sobre como podemos associar a presença e a atuação amorosas divinas em nós com todos os vírus que temos enfrentado. Sempre me toca muito um teólogo chileno do qual fui amigo e que já está no céu. Chamava-se Ronaldo Muñoz e em um de seus livros escreveu o seguinte:

> Toda injustiça e opressão violenta ocorrem porque Deus não pode evitar. [...] Assumindo Ele mesmo, por amor, o mal e a injustiça ali onde mais doem, o Deus que se deixa crucificar com o Crucificado e os crucificados de hoje, é Ele que nos interpela se estamos fazendo o máximo e o possível para transformar essa realidade. [...] Crermos junto com os sofredores e oprimidos no Deus de Jesus Cristo dá sentido e força para juntos vivermos e lutarmos.[40]

Sobre a força divina que faz as pessoas e comunidades resistirem, fiquei muito impressionado quando li o diário de Etty Hillesum. Ela foi uma moça judia que, aos 28 anos, no começo dos anos 1940, vivia na Holanda. Quando se intensificou a perseguição aos judeus e ela se deu conta da realidade trágica dos seus próximos, embora não precisasse, decidiu "assumir o destino do seu povo". Entregou-se para sofrer a mesma sorte que os judeus viviam. E acabou levada a um campo de concentração e morta pelos nazistas. Enquanto no campo de concentração, em meio às barbaridades que sofreu e via os outros sofrerem, sua palavra era clara: "Nessas circunstâncias tão terríveis, a minha contribuição para o meu povo é que não podemos abrir mão da misericórdia. Precisamos nos tornar incapazes de odiar, aconteça o que acontecer conosco. Essa será nossa única força".[41]

Lembro-me dela e do que ela escreveu quando, hoje, vejo a tragédia que se abate sobre o nosso país. Etty Hillesum denunciava a opressão. Sentia a indignação profética contra o mal e o combatia. No entanto, não deixava que o ódio e o desejo de vingança a dominassem. O inimigo poderia tirar dela tudo, até a vida, mas não podia roubar sua integridade, firmada a partir da opção de amar e ser benevolente. No seu diário, ela explica como conseguia viver isso.

Dentro de mim, há um poço muito profundo. Nem consigo ver o seu fundo. Às vezes, me parece coberto de pedras e lixo. E então, para mim, Deus está sepultado. Em alguns momentos, consigo desenterrá-lo e posso até ajudar outras pessoas a desenterrá-lo em seus corações.[42]

Como me identifico com este pensamento! E me sinto profundamente representado na oração que, de sua cela, esperando a morte, ela fazia a Deus:

Percebo que, em uma situação como essa, ó Deus, tu não podes nos ajudar. Mas nós podemos, sim, fazer muito por ti. Podemos ajudar-te a não te deixar sepultado em nós e a ser testemunhas do teu amor em uma realidade na qual todo amor é abolido e chacinado.[43]

Henrique, querido, atualmente sinto a mesma coisa. Não é Deus que pode nos ajudar: somos nós que podemos ajudá-lo, principalmente testemunhando que o tal Deus acima de todos na Bíblia se chama Moloc ou Belzebu, ou seja, o ídolo do comércio.

Um desses dias, escrevi aos amigos uma mensagem que dizia:

Hoje, de madrugada, entre o sono e a vigília, sonhei que Deus sussurrava ao meu ouvido: "Você me faz um favor?

Avise aos religiosos que estão pedindo em oração que eu não sei mais o que fazer. E ando meio deprimido porque não são os meus inimigos que andam falando mal de mim: são os mais próximos que dão a entender que eu tenho alguma coisa a ver com isso que está acontecendo. Muitos desses caras ficam calados diante da destruição da natureza, não ligam a fé com a realidade social e política e não ajudam o povo a unir as duas coisas. Agora um vírus mortal invade a Terra e dizem 'Vamos pedir a Deus que nos perdoe e nos liberte desse mal'. Como? Até parece o menino que saiu da escola e me fez a seguinte oração: 'Meu Deus, faça com que Paris seja capital da Inglaterra, porque foi isso que coloquei na prova'. Eu fiquei com muita pena dele, mas impotente. Parece que a maioria dos crentes continua achando que tenho de me tornar tapa-buraco para consertar os males que eles fazem a si mesmos, à natureza e aos outros. Como posso ser Deus assim? Por favor, diga a eles que me sinto triste quando ouço falar de um padre que pega um avião para jogar água benta sobre a cidade. Estou com vocês no sofrimento, sofrendo e morrendo em cada vítima que sucumbe ao coronavírus".

Pois é, há dias nos quais eu acordo ansioso e tenso, doido para que tudo isso acabe. E dentro de mim há pensamentos discordantes e vontade de gritar e esbravejar contra Deus e o mundo. E aí me lembro do mestre dom Hélder Câmara, que enfrentou anos e anos de perseguição política do governo e da elite brasileira, além de incompreensões e marginalização dos próprios irmãos da igreja. No entanto, ele gostava de repetir uma frase que agora teima em voltar à minha memória: "Nascemos para a vida e a alegria. Há mil razões para viver".

É isso, meu irmão. Eu poderia dizer muito mais. Que isso nos una nesse caminho de testemunhar a vida.

Abraço carinhoso do irmão Marcelo

HENRIQUE VIEIRA
TERÇA-FEIRA, 19/05/2020
PARA: MARCELO BARROS

Meu irmão,

Vejo Deus como todo amoroso, ou seja, aquele que assume conosco a experiência radical da alegria e da dor. Existem sofrimentos que são causados pelas injustiças humanas e aqueles da ordem natural da vida — basta lembrar que nascer é começar a morrer e que cada dia a mais é também um dia a menos.

Rubem Alves, teólogo e educador, falava em pelo menos dois tipos de tristeza. Uma ele chamava de tristeza do amanhecer, motivada por acontecimentos como a perda de alguém querido, o fim de um relacionamento, a demissão de um emprego, a doença de um amigo. Rubem Alves diz, inclusive, que quem não sente tristeza por situações assim precisa de terapia para aprender a ficar triste. A tristeza é parte da experiência humana.

A outra ele chamou de tristeza do entardecer. Para essa não há motivo aparente ou específico, pois nada de ruim objetivamente aconteceu. Contudo, mesmo assim, somos atravessados por essa tristeza simbolizada pelo fim do dia que marca a passagem do tempo, o pôr do sol, a percepção de que tudo na vida passa, de que tudo o que a gente ama mergulha no fluxo do tempo. É quando eu me lembro da minha infância e fico triste porque já passou. Ou recordo os primeiros meses da minha filha e sinto saudade daqueles momentos. É só a vida seguindo seu curso.

Acredito que existe uma sabedoria em transitar por essas tristezas. É preciso saber ficar triste para não se render totalmente à desesperança — e reconhecer nossa vulnerabilidade é abrir mão da tentativa de controle sobre todas as variáveis da vida, o que é libertador.

Deus, na pessoa de Jesus, não pode ocupar esse lugar de quem tudo controla e manipula. O sofrimento não é um castigo de Deus, pois isso seria contrário à sua natureza de amor. Também não vejo como uma "pedagogia divina", ou seja, Deus causando sofrimento para revelar propósitos que no momento não somos capazes de entender. Deus participa da vida conosco, chorando nossas lágrimas, sentindo nossa dor. No Evangelho de João está escrito: "No princípio era o Verbo, o Verbo estava com Deus, o Verbo era Deus. [...] E o verbo se fez carne, e habitou entre nós e vimos sua glória, como glória do unigênito do Pai, cheia de graça e de verdade" (João 1,1.14).

Na tradição cristã, como aposta de fé, afirmamos que Jesus é o próprio Deus entre nós, corpo de Deus na história. Assim sendo, Deus assumiu a fragilidade humana. Ele chorou, sentiu medo, perdeu amigos, foi tentado, passou privações, foi perseguido, preso, torturado e executado. Jesus é a revelação do Deus que, por amor, se tornou vulnerável e participante da experiência do sofrimento humano. O Evangelho de Mateus diz:

Porque, quando tive fome, me destes de comer; quando tive sede, me destes de beber; quando era estrangeiro, hospedaste-me; quando estava nu, vestiste-me; quando adoeci, fostes me ver. Então os justos responderão, dizendo: E quando te fizemos estas coisas? [...] E, respondendo, o rei lhes dirá: quando o fizeste a um destes pequeninos irmãos, a mim o fizestes. (Mateus 25,35-37.40)

Nesse trecho, Jesus está imaginando a plena concretização do Reino de Deus e demonstrando os aspectos essenciais para a participação nesse Reino: compaixão, misericórdia, amor. Jesus está se identificando com as pessoas em situação de sofrimento. O que há de comum nessas experiências (fome, sede, nudez, privação de liberdade, adoecimento, falta de terra e teto)? São experiências concretas, sentidas no corpo e fruto de mecanismos de opressão. Então, além de ser solidário com a condição humana, Jesus se identificou prioritariamente com os oprimidos. O rosto de Jesus aparece no semblante dessas pessoas, e ir ao encontro delas é ir ao encontro d'Ele.

Creio que, quando mulheres foram jogadas na fogueira da inquisição, Deus estava sendo queimado com elas. Quando negros foram sequestrados de sua terra e submetidos à escravidão, Deus estava sendo escravizado. Quando indígenas perderam suas terras e foram dizimados, Deus estava sendo massacrado. Quando judeus, comunistas, ciganos, pessoas com deficiência e outros grupos foram para as câmaras de gás do nazismo, ali estava Deus morrendo. Quando refugiados ficam presos nas fronteiras, Deus está sendo impedido de passar. Quando uma criança passa fome, Deus está faminto. Quando uma travesti é apedrejada na rua, Deus está sendo apedrejado. Onde a humanidade sofre, Deus sofre; onde a humanidade morre, Deus morre.

Ontem, no meio da pandemia, uma operação policial em uma comunidade em São Gonçalo (região metropolitana do Rio de Janeiro) matou um menino de quatorze anos que brincava dentro de sua casa, o João Pedro. Os policiais levaram o menino num helicóptero para socorro e a família ficou dezessete horas procurando por ele, até que seu corpo foi identificado no Instituto Médico Legal. Deus estava brincando naquela casa e foi alvejado. Deus estava desesperado procurando o menino junto com seus pais. Deus está nas lágrimas desses mesmos pais que agora voltam para casa e encontram um quarto vazio.

Eu não entendo o mundo, meu irmão, e muitas vezes brigo com Deus. Eu não entendo, às vezes perco as palavras e só choro. Então lembro que Deus está nas minhas lágrimas também.

Fraterno abraço, solidário e silencioso,
Henrique

MARCELO BARROS
TERÇA-FEIRA, 19/05/2020
PARA: HENRIQUE VIEIRA

Henrique, querido irmão,

Penso que alguma vez na vida toda pessoa autenticamente cristã tem a experiência que os primeiros discípulos e discípulas de Jesus viveram quando estavam com Ele.

Certa vez, na Galileia, Jesus se retirou com os doze na periferia norte, perto de uma região chamada Cesareia de Filipe. Ali, fez com o grupo uma revisão de vida. Depois de lhes perguntar o que o povo em geral dizia sobre ele, Jesus interrogou os próprios discípulos: "E para vocês, quem sou eu?". Até hoje essa interrogação ressoa para cada pessoa que adere ao seu projeto de vida e missão.

Na minha vida, penso que Jesus foi tomando lugar e sentido diferentes. À medida que fui amadurecendo, minha fé foi assumindo expressões mais críticas e, possivelmente, mais adultas. Quando criança e jovem, minha relação com Jesus, aprendida na igreja, poderia ser chamada de "pietista". Ele era para mim uma espécie de herói, que eu admirava e procurava seguir. As histórias do Evangelho me encantavam e os filmes sobre a paixão de Cristo me comoviam.

Com os estudos teológicos e a inserção nas pastorais sociais, comecei a ver em Jesus o revolucionário radical, que me impelia a também me doar assim. Na segunda parte dos anos 1960, quantas vezes vi o filme do Pier Paolo Pasolini *O Evangelho segundo Mateus*! Até hoje o considero o melhor filme sobre Jesus. No entanto, não vejo mais Jesus exatamente como o profeta social incômodo, sempre sisudo e radical. Nos anos mais recentes, gostei de ler o livro resultante da tese de doutorado de Reza Aslan, *Zelota*. Embora não concorde com todas as suas conclusões, admirei a profundidade da pesquisa e busco integrar o que ele me ensina com o que estudo.

Pouco a pouco compreendi que Jesus foi, sim, revolucionário, mas o que ele mais revolucionou foi seu modo de falar de Deus e a forma como nos ensinou a crer em Deus. Custei a me dar conta de que o mais revolucionário nos Evangelhos é o modo como Jesus denuncia a religião que discrimina as pessoas classificando-as em puras e impuras, santas e pecadoras. A luta maior de Jesus nem foi diretamente contra as autoridades políticas, e sim contra os sacerdotes e homens da religião que acabaram prendendo Deus na gaiola do culto e das leis morais. Os verdadeiros adversários de Jesus são os sacerdotes que fazem de Deus pretexto para o uso do poder sagrado como privilégio e status social. Até hoje, muitas igrejas estão afogadas no clericalismo autorreferente e narcisista.

Durante muito tempo, Jesus foi para mim principalmente objeto de culto. Só pouco a pouco me dei conta de que, nos Evangelhos, Ele mais anuncia o projeto de Deus para o mundo do que fala de si mesmo. Nunca pediu culto ou adoração. Cada vez mais descubro que Jesus se apresenta como profeta. Assim, nunca pede oração. Mesmo a oração ao Pai é não tanto para criar uma relação narcisista de adoração e sim para discernir o que o Pai lhe diz e lhe pede aqui e agora.

Na Igreja antiga, havia grupos que só olhavam Jesus na sua divindade. Deixavam de lado a sua humanidade, como se ele fosse só aparentemente humano. É como se, em um campeonato de ciclismo, alguém vencesse não porque correu melhor, e sim porque tinha um motorzinho escondido debaixo do guidom. Como se Jesus parecesse humano mas fosse de fato divino.

Foram amigos teólogos como Leonardo Boff e Jon Sobrino, entre outros, que me ajudaram a entender a humanidade de Jesus. E Boff cunhou a expressão tão feliz: "Humano assim só pode ser Deus". Aprendi que devo não apenas ter fé em Jesus, mas ter em mim a fé de Jesus, ou seja, a fé que Jesus teve.

Mas como falar na fé de Jesus? Se Jesus é divino, como poderia ter fé? Algumas passagens dos Evangelhos tratam disso. A Carta aos Hebreus afirma claramente: "Ele é o autor e o que leva à plenitude a nossa fé" (Hebreus 12,1-2). Isso significa que ele foi quem mais teve fé. Crer como Jesus crê significa me deixar tomar pela fé que Jesus tem no Pai e no projeto divino do Reino. Crer como Jesus (e não apenas crer em Jesus) redirecionou minha fé de forma mais profunda e aberta. E direcionou essa fé para um permanente aprendizado de amor. Ainda não cheguei lá, mas confio em Deus de que estou no caminho.

As igrejas centram muito suas pregações na crucificação, tratando-a como um ato isolado de sacrifício pela humanidade. Foi tão bom, Henrique, quando descobri que não é o sangue de Jesus que tem poder. Deus me livre de um cristianismo que exige sangue! O que tem poder e nos salva é o amor — "Amai-vos uns aos outros, como eu vos amei" (João 13,34-35), isto é, amai-vos com o mesmo amor que eu vos amei.

Para mim, a cruz de Jesus foi o ato pelo qual "ele amou até o fim" (João 13,1), ou seja, Ele foi até onde o amor pode ir. Morreu de amor. No mundo, muita gente morre por amor. Quantas pessoas sacrificam a vida para salvar a do outro? Há mães que morrem para deixar seus filhos nascerem e viverem. Assim também Jesus dá a vida por seus amigos (Jó 15).

No entanto, há mais do que isso. O seu amor sobre a cruz não é uma modalidade entre tantas do amor. É diferente. É a explosão de um amor novo e não dá, por exemplo, para compará-lo com a imagem do escravo lavando os pés dos discípulos. O escravo não tem o senhor como amigo. Ele sabe que este o explora e o maltrata. Se Jesus assume a função de escravo é porque assume o peso e a violência que a própria escravidão é. Ele liberta assumindo o lugar do escravo. Um amigo italiano, o teólogo Carmine di Sante, escreveu:

> Na cruz aparece o amor que consiste em amar a quem não ama para que quem não ama volte à possibilidade de amar. O amor de Jesus, sobre a cruz, por quem o rejeita e até o mata é o tipo de amor que é condição necessária para a reinstauração do amor no mundo sem mais amor.[44]

É nesse sentido que o Novo Testamento diz que a morte de Jesus é *necessária*. É necessária porque é expressão de um amor que ativa o amor em um mundo sem mais amor e sem o qual o amor gratuito e de doação não seria mais possível. No mundo, a raiz da maior alienação é a incapacidade de amar. E ainda há muitos corações verdadeiramente incapazes de amar. O que

Jesus fez foi mostrar que o amor só pode ser reinstaurado a partir do não amor. Isso significa não responder à indiferença e sim suportá-la. Não reagir à hostilidade, mas assumi-la contra si mesmo. Não devolver a bola do mal que lhe é jogada. A morte de Jesus na cruz é o lugar revelador do amor que assume o não amor para reabrir no mundo a possibilidade do amor. É um amor abissal com o qual é restituída ao ser humano a capacidade de amar: amor de compaixão que se inclina sobre quem padece, tanto as vítimas quanto os algozes. Jesus morreu de amor, ou por amor, para despertar neles a relação fraterna. Assim, mesmo morrendo, Jesus revela em si a sua liberdade de amar. Por isso, mesmo na morte, ele já aparece como vivo e ressuscitado — porque o amor não morre.

Com esse Jesus aprendi que o Pai "faz nascer o sol sobre os bons e sobre os maus e faz cair a chuva sobre os justos e sobre os injustos" (Mateus 5,45).

Essa nova forma de crer me abre às outras tradições religiosas. Conheci, e algumas vezes pude conviver com ele, um grande teólogo do século XX, Raimundo Pannikar, que era filho de pai indiano e hindu e mãe catalã e cristã. Durante toda a vida, ele construiu em seu coração e no modo de falar da fé pontes sobre as diversas tradições. Ele escreveu:

Os cristãos têm razão de falar do Cristo e não somente de Deus, porque Deus não se fecha em si mesmo e sobre ele mesmo. Ele se volta para a humanidade e para o mundo com os quais quer entrar em comunicação, em comunhão. É isso que significa o termo "Cristo". Cristo é absolutamente único e universal, "vivo símbolo para a totalidade da realidade, humana, divina, cósmica, ele está no centro de tudo o que existe. É o ponto de cristalização, de crescimento e reunião de Deus, da humanidade e de todo o cosmos em seu conjunto. Ele é a ação histórica da divina Providência que inspira a humanidade por diferentes caminhos e conduz a vida humana à sua plenitude". O mesmo Cristo que tomou forma e corpo em Jesus de Nazaré pôde tomar corpo sob outros nomes ainda: Rama, Krishna, Purusha, Tathagata etc. Jesus tem lugar em uma série de incorporações do mesmo Cristo. "Jesus é o Cristo, mas o Cristo não é somente Jesus".[45]

Sei que essa perspectiva ainda é difícil para muitos cristãos e de modo algum quero impô-la. Apenas é assim que acredito. E isso me tem ajudado a reconhecer essa presença crística em você e em tantas pessoas que vivem a consagração ao amor universal.

A você, irmão e companheiro neste caminho de amor, abraço afetuoso do seu irmão Marcelo

HENRIQUE VIEIRA
QUARTA-FEIRA, 20/05/2020
PARA: MARCELO BARROS

Marcelo,
Jesus é o sorriso de Deus para mim.

Como afirma Richard Horley, não se pode compreender Jesus desconsiderando o contexto histórico no qual ele viveu e a partir do qual suas palavras surgiram, pois "ele não era uma cabeça falante desistoricizada".[46] Esse Jesus da periferia de Nazaré que caminhava com os pobres como expressão de obediência a Deus é para mim referência de vida, base ética, motivação primeira, horizonte de ação. Esse Jesus de carne, osso, sangue e suor é para mim o sussurro carinhoso de Deus me convidando a desfrutar de Seu coração.

Então, tal como você, me encanto com a fé que Jesus tinha e a tradução tão linda que ele fez de Deus. Na verdade, concluo que ter fé em Jesus significa ter fé na fé que Jesus teve. Jesus não cabe num sistema religioso nem é propriedade exclusiva dos cristãos. Jesus é pedra de tropeço para a ganância humana e a boa notícia de que Deus nos ama e nos chama para viver em amor.

O que mais me impressiona em Jesus é a sua liberdade para viver sob a soberania ética do amor e assim encarnar o Reino de Deus. Jesus não se prendeu a regras prefixadas, normas sociais ou religiosas. Tinha liberdade para converter tudo à dimensão do amor. Como afirma Leonardo Boff no livro *Jesus Cristo libertador*:

A ordem estabelecida é relativizada e o homem é libertado de seus tentáculos que o mantinham preso. Sujeição à ordem chama-se comumente obediência. A pregação e as exigências de Cristo não pressupõem uma ordem estabelecida (*establishment*). Antes, pelo contrário, por causa de sua fantasia criadora e de sua espontaneidade, a [põem em xeque]. A palavra *obediência* (e derivados), que ocorre 87 vezes no Novo Testamento, enquanto podemos julgar, nunca foi usada por Cristo. Com isso não se quer dizer que Cristo não tenha feito duras exigências. Obediência para ele não é cumprimento de ordens, mas decisão firme para aquilo que Deus exige dentro de uma situação concreta.[47]

Jesus não fundou uma religião, mas anunciou um projeto de sociedade e de humanidade, como fruto de sua comunhão com o Pai. No Reino de Deus anunciado por Ele prevalecem os menores, os humildes são exaltados; a glória é servir, não ser servido. O Reino de Deus é a plenitude da humanidade realizada, a utopia do coração humano tornada real.

Como você, eu acredito na diversidade. Creio que pluralismo religioso é um desígnio do coração de Deus e que nenhuma tradição religiosa guarda em si toda a revelação. Quando eu era criança, gostava de tentar segurar porções de água na minha mão. Água do banho, do mar, cachoeira, piscina. Achava divertido recolher uma porçãozinha de água nas mãos e tentar ao máximo contê-la, mantê-la sob meu controle. Claro que, inevitavelmente, a água escorria pelos meus dedos. Creio que assim é Deus: posso tocar e sentir, mas não posso conter ou definir seu início e seu fim, não posso controlá-lo. Jesus é essa água que me escapa, me atravessa e vai para muito longe de mim.

Por fim, quero dizer que muito me entristece quando, ao longo da história, a mensagem de Jesus é retirada de seu contexto e de sua origem e se torna símbolo de violência, opressão e intolerância. Como diz o teólogo Ronilso Pacheco: "A Bíblia é um livro negro de hermenêutica branca",[48] isto é, nasce da experiência dos oprimidos mas historicamente é interpretada pelas lentes e interesses dos opressores.

O Jesus negro da periferia de Nazaré (com todo o significado epidérmico, racial, político, teológico, existencial e espiritual desta afirmação) se torna um vigilante de corpos levando pessoas para o céu ou condenando-as ao inferno. Uma leitura que subtrai a potência histórica do Jesus de Nazaré e cria um Cristo Glorioso bélico, guerreiro e opressor que nada tem a ver com a memória bíblica. Contudo, segundo a memória dos Evangelhos, o Cristo que aparece ressuscitado às suas discípulas e aos seus discípulos mostra as marcas da cruz em seu corpo. É para nunca esquecermos quem ele foi, com quem andou, por qual causa viveu e por qual razão morreu. Como Frei Betto diz: todo cristão é discípulo de um prisioneiro político que foi torturado e executado pelo Império Romano.

Jesus foi entregue por líderes religiosos amantes do dogma e do poder, executado por um Estado tirano e ainda humilhado pelo povo. Jesus teve sua morte comemorada e celebrada por muitos como fator de higienização e pacificação. E hoje, infelizmente, como sempre digo, acredito que Jesus seria morto em nome de Jesus.

Então, irmão, é isso: tenho Jesus como referência de vida, esperança futura, melhor amigo. Quero viver com todos os meus limites e contradições de acordo com a fé, o amor, os passos e a vida de Jesus, que é Deus sorrindo para mim.

Fraterno abraço,
Henrique

MARCELO BARROS
QUARTA-FEIRA, 20/05/2020
PARA: HENRIQUE VIEIRA

Henrique, querido irmão,

No fundo, o que nos resta senão esperar? De certo modo, foi o que afirmou o apóstolo Paulo ao escrever: "Porque, em esperança, somos salvos. Ora, a esperança que se vê não é esperança; porque o que alguém vê, como o esperará? Mas, se esperamos o que não vemos, com paciência o esperamos" (Romanos 8,24-25).

Nosso Rubem Alves dizia que o otimismo é "por causa de", enquanto a esperança é "apesar de". Diante da realidade do Brasil e do mundo não há muitas razões para o otimismo, mas a esperança que nutrimos no coração e na qual nos fortalecemos não vem de uma fria e racional análise da realidade e sim da teimosia do crer e de apostar no amor que existe em nós; amor que, como cristãos, eu e você cremos que é dom do Espírito. Por isso, apesar de tudo, esperamos. Esperamos "contra toda esperança", como escreveu Paulo, citando o patriarca Abraão, como pai na fé, e não somente na fé mas também na esperança. Ele afirma que Abraão "acreditou, firme na esperança contra toda esperança" (Romanos 4,18). É isso que fez o papa Francisco afirmar, em uma de suas catequeses: "A nossa esperança não se rege por raciocínios, previsões e seguranças humanas; e se manifesta lá onde não há mais esperança, onde não há mais nada em que esperar".[49]

Escrevo para você estas linhas no dia em que o Brasil ultrapassou o número de mais de mil mortes em 24 horas, e isso com toda a subnotificação que está ocorrendo. Muita gente que está morrendo tem diagnóstico de "insuficiência respiratória" porque nem sequer recebeu o resultado do teste da covid-19. Enquanto o Brasil caminha para ser um imenso cemitério, o presidente cuida de garantir a impunidade para seus filhos e familiares — o governo parece o *Titanic* afundando enquanto os passageiros dançam e fazem brindes ao Ano-Novo. Em uma realidade como essa, o que podemos esperar?

Quando a gente fala em esperança, poderíamos elencar um monte de coisas que desejamos para o país e o mundo. Quando falamos em desejo, nos referimos a um sentimento que existe dentro de nós. Quando falamos em esperança, nos referimos a algo objetivo que vai além dos nossos desejos.

Para quem segue algum caminho espiritual, o objeto da esperança é o cumprimento daquilo que Deus prometeu ou a realização plena da vocação humana de amorização do mundo e da vida.

É a distinção a ser feita entre predição, de um lado, e promessa ou profecia, de outro. A predição é algo neutro. Ninguém pode culpar um médico por olhar um exame e lhe dizer que você está com tal doença grave. Quem prediz anuncia algo que já está ali colocado para quem souber ler a realidade. A promessa é diferente. Diz respeito ao compromisso de mudar a realidade. Na Bíblia, a promessa é anunciar a um homem já idoso e casado com uma mulher estéril que eles terão uma grande descendência. É dizer a escravizados que eles terão terra e liberdade. É teimar, teimar e teimar, na confiança de que este mundo pode ser diferente.

Cultivo no coração a esperança, não apenas porque creio em Deus, mas porque creio na humanidade — como diz a carta de João: "Nós somos aqueles que creem no amor" (1 João 4,16).

Quero concluir esta mensagem recordando um poema do Mario Quintana sobre a esperança que me toca muito a cada vez que releio:

Lá bem no alto do décimo segundo andar do Ano
Vive uma louca chamada Esperança

E ela pensa que quando todas as sirenas
Todas as buzinas
Todos os reco-recos tocarem
Atira-se
E
— ó delicioso voo!
Ela será encontrada miraculosamente incólume na calçada,
Outra vez criança...
E em torno dela indagará o povo:
— Como é teu nome, meninazinha de olhos verdes?
E ela lhes dirá
(É preciso dizer-lhes tudo de novo!)
Ela lhes dirá bem devagarinho, para que não esqueçam:
— O meu nome é ES-PE-RAN-ÇA...[50]

Querido irmão, abraço-o na esperança,
Seu irmão Marcelo

HENRIQUE VIEIRA
QUINTA-FEIRA, 21/05/2020
PARA: MARCELO BARROS

Tal como você, me inspiro na perspectiva de Rubem Alves ao afirmar que a esperança reside no "apesar de", não no "a partir de". A esperança é uma intuição profunda que resiste e insiste mesmo quando a análise da realidade não oferece indícios positivos, enquanto o otimismo vem de uma análise racional da realidade e da capacidade de apreender pontos positivos e, a partir deles, enxergar um cenário favorável. A esperança é uma força que vem de dentro, transcende a própria conjuntura e insiste no amor, na bondade e na vida a despeito de tudo.

Fico, por exemplo, imaginando a situação do povo negro diante dos séculos de escravidão. Imagino aqueles irmãos e irmãs sequestrados de suas terras e trazidos no porão de um navio. Qual razão para ser otimista diante de tamanha perversidade? E os povos indígenas sendo massacrados? E as mulheres sendo perseguidas?

Se esses grupos chegaram até aqui foi porque em vários momentos, apesar de toda realidade contrária, tiraram força da esperança.

A esperança não é ilusória nem escapista, mas é teimosa e perseverante, além de gerar ação, movimento e comprometimento com a vida. Como dizia Paulo Freire, esperança não vem do verbo esperar, mas do verbo esperançar, isto é, fazer a esperança acontecer! É, por um lado, esperar ardentemente e, por outro, esperançar firmemente.

Gosto também da formulação de Ariano Suassuna quando diz que "eu não sou nem otimista, nem pessimista. Eu acho que pessimista é um sujeito amargo e acho que otimista é um ingênuo. Eu procuro ser um realista esperançoso".[51] Esta afirmação me lembra a própria dinâmica do Evangelho, pois nela existe a realidade da cruz (violência, abandono, solidão, injustiça, morte) e a ressurreição como realidade última, horizonte histórico e afirmação de vida. A ressurreição é uma insurreição diante de toda ordem opressora, insistência na vida como palavra final sobre a história humana.

Tenho procurado alimentar dentro de mim essa decisão profunda de esperar e esperançar, de não perder o encanto e o sonho, de cultivar a utopia e não desistir. Diante dessa pandemia, do fascismo crescente e presente no próprio governo, da hegemonia de um capitalismo neoliberal intrinsecamente injusto e genocida, muitas vezes meu coração desfalece. Procuro então olhar firme para o sorriso da minha filha, contemplá-la correndo de um lado para outro cheia de imaginação e histórias. Vejo na infância um recado de Deus apostando no futuro e sinalizando seu amor por nós. Tenho procurado valorizar pequenos gestos de cuidado e carinho com quem está ao meu redor. Esse trabalho invisível também é construtor de um mundo novo, portador de esperança. O mundo muda com amizades sinceras, gestos de solidariedade, maternidades e paternidades vividas em amor, plantas regadas, jardins bem-cuidados, feridas tratadas, alimentos distribuídos. São nossos pequenos mundos que vão mudando o mundo.

Além dessa dimensão afetiva e relacional, sei que a esperança também é tecida e anunciada nos movimentos sociais, nas lutas populares, nos quilombos, nas aldeias indígenas, nas ocupações urbanas, nos assentamentos rurais, nas igrejas, terreiros, sinagogas e em todas as expressões religiosas comprometidas com a dignidade humana, a paz e a justiça. Enfim, há tantas formas coletivas de incidir sobre o mundo...

A utopia está lá no horizonte. Eu me aproximo dois passos, ela se distancia dois passos. Caminho dez passos e o horizonte corre dez passos. Por mais que eu caminhe, jamais alcançarei. Para que serve a utopia? Serve para isso: para que eu não deixe de caminhar.[52]

A esperança é um farol que ilumina o caminho, nos coloca em movimento e provoca mudanças no tempo presente. Sem esperança a profecia morre.

Quero expressar que esta troca de cartas é motivo de esperança para o meu coração nestes tempos tão difíceis. Suas cartas me provocam reflexão crítica e sensibilidade. Torço para que cada pessoa que ler esta troca tão espontânea e sincera possa ter seu coração aquecido.

Termino com uma linda canção de Zé Vicente, "A utopia"

Quando a voz da verdade se ouvir
E a mentira não mais existir
Será enfim
Tempo novo de eterna justiça
Sem mais ódio, sem sangue ou cobiça
Vai ser assim
Vai ser tão bonito se ouvir a canção
Cantada de novo
No olhar da gente a certeza de irmãos
Reinado do povo

Fraterno abraço, esperançoso.
Até sempre, meu irmão.
Henrique

Uma bênção para o caminho a seguir

Chegamos ao fim desta nossa conversa. A amizade continua como aliança e comunhão para toda a vida. Queremos agradecer o testemunho de tantos mestres e mestras da fé como doação de amor. Queremos também expressar a nossa profunda comunhão com cada um e cada uma de vocês que nos acompanharam nesta troca de cartas. De certa forma, assim nós nos sentimos envolvidos pela comunhão que formamos com vocês, para além das distâncias geográficas e de todas as diversidades que se manifestam no mistério de cada ser humano.

Ao longo destas cartas, expressamos sentimentos, expectativas e desafios para estes novos tempos de pandemia e pós-pandemia. Não contamos os dias para voltar à normalidade de antes, nem achamos que a pandemia foi um bem por ter nos obrigado a parar e respeitar mais a natureza e descobrir (se é que descobrimos) um estilo de vida com mais interioridade e maior cuidado com a mãe Terra. Preferimos orar e trabalhar, na esperança de que, como diz Jesus nos Evangelhos, possamos fazer deste imenso sofrimento algo como uma dor de parto que nos conduza a um novo estilo de vida (João 16,20-22).

De todo modo, aqui fica o convite para que juntos lutemos para oferecer a quem veio e vier depois de nós um mundo mais humano e mais justo, uma Terra na qual possam respirar com mais saúde e liberdade.

Compreendemos que muito do sofrimento destes dias vem da angústia e do medo que provoca um vírus que tem se mostrado cruel e assassino. No entanto, ele é também consequência da forma cruel como o mundo está organizado. Unamo-nos nas lutas pacíficas pela justiça e para que este mundo possa ser reorganizado a partir do bem-viver coletivo.

No entanto, sabemos que há tristeza e dor. Vinicius de Moraes cantava que sem tristeza não se faz poesia. A tristeza não nos desumaniza. Ao contrário, nos torna mais humanos. Não é das lágrimas que a teologia da libertação quer nos libertar: ao contrário, ela nos faz "chorar com os que choram e sofrer com os que sofrem", como afirmava o apóstolo Paulo (2 Coríntios 11). Nesse sentido, a sensibilidade que resulta em tristeza pela sintonia e empatia com os sofrimentos do povo e da natureza faz parte da comunhão com os pequenos, não necessariamente para ser superada, mas, ao contrário, para ser vista como uma dimensão divina que se manifesta em nós.

Cremos que, como discípulos de Jesus que sempre queremos ser, temos muito a aprender no diálogo com a humanidade sofredora. Neste caminho do diálogo todos reconhecemos a presença misteriosa e discreta de Jesus, como o Cristo Cósmico, sabedoria de Deus, primogênito da humanidade redimida e santificada.

Ele é a nossa paz, ele que de dois [de todos os] povos fez um só, derrubando os muros de inimizade que existiam em nosso meio. Ele reconciliou a todos em um só corpo com Deus. De todos, ele criou uma nova criatura em função da paz no universo (Efésios 2,14-16).

São caminhos do Espírito, que através deles nos fala e nos orienta sobre como enfrentar e ir além de tudo o que nos pode paralisar. O importante é nos mantermos sempre firmes na esperança.

Leo Jozef Suenens foi um espiritual cristão, que na década de 1970 era arcebispo de Malines-Bruxelas, na Bélgica. Um dia, lhe perguntaram: "Por que você se mantém como uma pessoa de esperança?". Ele respondeu:

Porque creio que Deus é novo cada manhã,
Creio que ele cria o mundo nesse exato momento
e não em um passado nebuloso e esquecido.

Isso me obriga a estar, a cada minuto, pronto para o encontro,
Porque o inesperado é a regra da providência.
Esse Deus inesperado nos salva
E nos liberta de todo determinismo
E desmente os prognósticos míopes de sociólogos.
Esse Deus inesperado é um Deus que ama
todos os seres humanos, seus filhos e filhas.
Essa é a fonte da minha esperança.
Sou um ser de esperança não por razões humanas
ou por otimismo natural.
Mas, simplesmente, porque creio
que o Espírito Santo está em trabalho
na Igreja e no mundo, saiba-se disso ou não.
Podemos ser pessoas de esperança porque cremos
que o Espírito Santo é sempre e para sempre o Espírito
    Criador,
que dá a quem o acolhe, a cada manhã, uma liberdade nova.
E um abastecimento de alegria e confiança.
[...]
Esperar é um dever, não um luxo.
Esperar não é sonhar.
Ao contrário, é o meio de transformar um sonho em reali-
    dade.
Felizes as pessoas que ousam sonhar
E que estão dispostas a pagar o preço mais alto
para que o sonho se torne realidade e se torne carne
na vida das pessoas e do mundo.[1]

Queridos irmãos e irmãs, que nos acompanharam neste caminho, deixamos com cada um e cada uma de vocês uma antiga bênção irlandesa. Se vocês quiserem, no lugar em que vivem e do modo como for possível, também ofereçam a Deus e ao universo esta oração:

Que o caminho seja brando a teus pés
O vento sopre leve em teus ombros.
Que o sol brilhe cálido sobre tua face,
As chuvas caiam serenas em teus campos.
E até que, de novo, eu te veja,
Que Deus te guarde na palma da sua mão.

Beijo no coração,
seus irmãos Marcelo Barros e Henrique Vieira

Notas

UM ENCONTRO FRATERNO [pp. 7-10]

1. *"No man is an island"* é a conhecida abertura da "Meditação 17", de John Donne, em sua obra *Devotions upon Emergent Occasions* (1624), e tornou-se posteriormente título do livro publicado por Thomas Merton em 1955.

2. Leonardo Boff, *O Espírito Santo*. Petrópolis: Vozes, 2013, pp. 267-8.

3. Santo Agostinho, "Augustin: Les Chemins vers Dieu" [Tratado sobre o Evangelho de João], In: *Connaissance des Pères de l'Église*, n. 32. Paris: Éditions Nouvelle Cité, dez. 1988. Tradução livre.

CORRESPONDÊNCIA: 04 A 21 DE MAIO DE 2020 [pp. 11-166]

1. Henri J. M. Nouwen, *Crescer: Os três movimentos da vida espiritual*, tradução de Marcos Viana Van Ackerj. São Paulo: Paulinas, 2000 (Coleção Sopro do Espírito).

2. Khalil Gibran, *O profeta*. Rio de Janeiro: Nova Fronteira, 2011.

3. Apud Zildo Rocha, "Papel da vigília na espiritualidade de dom Hélder", In: *Irmão dos pobres e meu irmão: Presença de dom Hélder em minha vida*. Recife: Edição do Autor, 2019, pp. 260-4.

4. Vinicius de Moraes e Toquinho, "Sei lá... a vida tem sempre razão". In: _____. *Toquinho e Vinicius*. RGE, 1971. Faixa 7v.

5. João Augusto Bastos, *A presença, mistério da existência*. Curitiba: Artéra, 2019.

6. Carlos Drummond de Andrade, "Ausência", In: *Corpo: novos poemas*. Rio de Janeiro: Record, 1984.

7. Hermann Hesse, "Andares", In: *Andares*. Rio de Janeiro: Nova Fronteira, 1976, p. 198.

8. João Vitor Santos, Patrícia Fachin, Wagner Fernandes de Azevedo, Entrevista com Leonardo Boff. *Instituto Humanitas Unisinos*, 14 dez. 2018.

9. Cf. o capítulo 3 de: Brennan Manning, *O evangelho maltrapilho*. Tradução de Paulo Purim. São Paulo: Mundo Cristão, 2018v.

10. Apud Matthew Fox, *A vinda do Cristo cósmico*. Rio de Janeiro: Record, 1995, p. 276.

11. Fernando Brant e Milton Nascimento, "Bola de meia, bola de gude". In: _____. *Amigo*. Quilombo, 1995. Faixa 11.

12. Milton Nascimento, Caetano Veloso, "Paula e Bebeto". In: Milton Nascimento, *Minas*. Rio de Janeiro: EMI-Odeon, 1975.

13. A frase foi posteriormente publicada no livro *Mil razões para viver*, de Patriotino Pontes de Aguiar (Recife: Edições Moinho, 2015).

14. Enrique Dussel, *Historia General de la Iglesia en América latina*. Tomo 1. Salamanca: Sígueme-Cehila, 1983, p. 153.

15. Leonardo Boff, *O Espírito Santo: fogo interior, doador de vida e pai dos pobres*, Petrópolis: Vozes, 2013, p. 82.

16. Ibidem.

17. Jung Mo Sung, *Cristianismo de libertação*. São Paulo: Paulus, 2008.

18. Ibidem.

19. Apud Edson Fernando de Almeida, Ricardo Lengruber Lobosco, *Jardinagens Teológicas*. São Leopoldo: Oikos, 2010.

20. Segundo o Relatório de Desenvolvimento Humano (RDH) da Organização das Nações Unidas divulgado em 2019, 1% dos brasileiros concentram 28,3% da renda total do país, e os 10% mais ricos concentram 41,9%. O Brasil está em segundo lugar no mundo em má distribuição de renda entre sua população, atrás apenas do Catar.

21. Renato Russo, "Índios". In: *Dois*. EMI, 1986. Faixa 12.

22. Bertolt Brecht, "Nada é impossível de mudar". In: *Antologia poética*. Belo Horizonte: Leitura, 1977.

23. Cf. "Número de desempregados no mundo deve alcançar 190,5 milhões neste ano, diz OIT", *G1 por France Presse*, 20 jan. 2020; "Jovens representam mais de 35% dos desempregados do mundo, alerta OIT", Nações Unidas Brasil, 20 nov. 2017.

24. Dados da organização não governamental Oxfam, divulgados em 2019, às vésperas do Fórum Econômico Mundial, em Davos, na Suíça.

25. Segundo dados da ONU divulgados em 2016, que foram debatidos na Conferência das Nações Unidas sobre Moradia e Desenvolvimento Urbano Sustentável, a Habitat III, que aconteceu em Quito, no Equador.

26. Ver, por exemplo, Colossenses 3,5; Efésios 4,19; Efésios 5,5.

27. Cf. <http://audacia-umanita.blogspot.com/2018/07/nota-sobre-agora-dos-habitantes-da-terra.html>.

28. Gonzaguinha, "Nunca pare de sonhar (Sementes do amanhã)". In: _____. *Grávido*. EMI-Odeon, 1984. Faixa 9.

29. Em entrevista de Claudia Fanti com Frei Betto, publicada por *Il Manifesto* em 18 de maio de 2019. A tradução é de Luisa Rabolini. Disponível em: <www.ihu.unisinos.br/78-rnoticias/589283-vamos-guardar-o-pessimismo-para-tempos-melhores-entrevista-com-frei-betto>.

30. Segundo estudo da Oxfam, "Jorge Paulo Lemann (AB Inbev), Joseph Safra (Banco Safra), Marcel Hermmann Telles (AB Inbev), Carlos Alberto Sicupira (AB Inbev), Eduardo Saverin (Facebook) e Ermirio Pereira de Moraes (Grupo Votorantim) são as seis pessoas mais ricas do Brasil. Eles concentram, juntos, a mesma riqueza que os 100 milhões mais pobres do país, ou seja, a metade da população brasileira (207,7 milhões)". Cf. Marina Rossi, "Seis brasileiros concentram a mesma riqueza que a metade da população mais pobre", *El País*, São Paulo, 25 set. 2017.

31. Apud Pierre Vilan, *Os cristãos e a globalização*. São Paulo: Loyola, 2006, p. 41.

32. Dom Pedro Casaldáliga, "Canção da foice e o feixe". In: *Antologia retirante — poemas*. Rio de Janeiro: Civilização Brasileira, 1978.

33. João Guimarães Rosa, *Grande sertão: veredas*. São Paulo: Companhia das Letras, 2019, pp. 49-50.

34. Conselho Episcopal Latino-Americano, *Documentos do Celam*. São Paulo: Paulus, 2004, p. 130.

35. Mark Hathaway, Leonardo Boff, *Tao da libertação*. Petrópolis: Vozes, 2011, pp. 297-8. Ver ainda H. Maturana e F. Varela, *A árvore do conhecimento: As bases biológicas da compreensão humana*. Campinas: Psy II, 1995.

36. Valentino Maraldi, *Lo Spirito Creatore*. Roma: Paoline Editoriale Libri, s.d., p. 121.

37. Ibidem, p. 213.

38. "Metal e sonho", In: Pedro Tierra, *A palavra contra o muro*. São Paulo: Geração Editorial, 2013. Pedro Tierra é o pseudônimo do poeta e político tocantinense Hamilton Pereira da Silva

39. Antonio Machado, "Tu verdade, no", In: *Nuevas canciones*. Madri: Editorial Mundo Latino, 1924. Tradução de Antonio Cícero, disponível em: <http://antoniocicero.blogspot.com/2010/07/antonio-machado-tu-verdad-no.html>.

40. Ronaldo Muñoz, *O Deus dos cristãos*. Petrópolis: Vozes, 1986, pp. 136-7.

41. Etty Hillesum, *Diario: 1941- 1943*. Milão: Adelphi, 1985.

42. Ibidem.

43. Paul Lebeau, *Etty Hillesum, un itineraire spirituel*. Namur/Bruxelas, Fidélité/Racine, 1998, p. 110.

44. Carmine di Sante, *La passione di Gesù, rivelazione della nonviolenza*, Troina (EN), Città Aperta, 2007, pp. 182-9.

45. Raimundo Pannikar, *Le Christ e l'Hindouisme: une présence cachée* (Paris: Centurion, 1972), que cita *Le Dialogue intra-religieux* (Paris: Aubier, 1985).

46. Richard Horley, *Jesus e o Império: o Reino de Deus e a nova desordem mundial*. Rio de Janeiro: Paulus, 2004.

47. Leonardo Boff, *Jesus Cristo libertador*. Petrópolis: Vozes, 1974.

48. Disponível em: <http://rogeliocasado.blogspot.com/2014/11/ a-biblia-e-um-livro-negro-de.html>.

49. Catequese de 29 de março de 2017.

50. Mario Quintana, "Esperança", In: *Antologia poética*. Rio de Janeiro: Alfaguara, 2015, p. 134.

51. Ariano Suassuna em entrevista para *Preá: Revista de Cultura*, n. 14. Natal: set.-out. de 2005.

52. Fernando Birri citado por Eduardo Galeano em *Las palabras andantes*, Siglo XXI, 1994, p. 310.

UMA BÊNÇÃO PARA O CAMINHO A SEGUIR [pp. 167-71]

1. L. J. Suenens, *Une nouvelle Pentecôte?* Paris: DDB, 1974.

ESTA OBRA FOI COMPOSTA POR OSMANE GARCIA FILHO EM INES LIGHT
E IMPRESSA EM OFSETE PELA GRÁFICA PAYM SOBRE PAPEL PÓLEN SOFT
DA SUZANO S.A. PARA A EDITORA SCHWARCZ EM SETEMBRO DE 2020

A marca FSC® é a garantia de que a madeira utilizada na fabricação do papel deste livro provém de florestas que foram gerenciadas de maneira ambientalmente correta, socialmente justa e economicamente viável, além de outras fontes de origem controlada.